HANS-ULRICH ENGEL (Hg.)

40 JAHRE
NACH FLUCHT
UND VERTREIBUNG
... ALS DER EXODUS BEGANN

AUGENZEUGEN BERICHTEN

RAU

Bildquellennachweis:
Süddeutscher Verlag, Bilderdienst (7)
Bundesarchiv Koblenz (2)

2. Auflage 1985
© by Walter Rau Verlag Düsseldorf
Alle Rechte der Verbreitung in deutscher Sprache, auch
durch Film, Funk, Fernsehen, fotomechanische Wiedergabe,
Tonträger jeder Art und auszugsweisen Nachdruck, sind
vorbehalten.

Umschlaggestaltung: Benteliteam, Bern
Buchausstattung: Friedrich Kohnke
Druck: Rasch, Bramsche
Printed in Germany
ISBN 3-7919-0235-0

Inhaltsverzeichnis

Vorwort

Flucht und Vertreibung der Deutschen aus dem Osten sind ein wichtiger Teil der Geschichte unendlichen Leids, das der vor vierzig Jahren zu Ende gegangene Zweite Weltkrieg über die Menschen gebracht hat und das viele immer noch erdulden müssen. Diese Leidens- und Irrwege unserer jüngeren Geschichte müssen in all ihren Stationen im Bewußtsein der Menschen lebendig gehalten werden, damit die Schrecken jener Zeit sich nie mehr wiederholen können. Der Bayerische Rundfunk hat daher dem Thema Flucht und Vertreibung als Teil jener Geschichte des Leids eine Sendereihe gewidmet, die nun auch als Buch veröffentlicht wird.

Zu Wort kommen überwiegend Augenzeugen aus den verschiedensten Siedlungs- und Vertreibungsgebieten. Sie schildern, was sie erlebt und erlitten haben, was ihnen von den Völkern angetan wurde, mit denen sie einst ihre Heimat teilten. In ihren Erzählungen wird über ihre persönlichen Schicksale die Geschichte der Flucht und Vertreibung wieder lebendig.

Der Exodus der Deutschen aus dem Osten begann nicht erst am Ende des Zweiten Weltkrieges, sondern bereits 1939 mit dem Hitler-Stalin-Pakt, in dem Mittelosteuropa vom Baltikum über Wolhynien bis Bessarabien und zur Dobrudscha hin in eine deutsche und eine sowjetische Interessensphäre geteilt wurde. Tausende von Deutschen wurden in den folgenden Jahren aus ihrer Heimat zwischen Ostsee und Schwarzem Meer „heim ins Reich" gelockt. Sie bildeten die Vorhut der Millionen, die am Ende des Krieges flüchteten oder vertrieben wurden. Der Exodus setzt sich bis heute fort. Weil nun die letzten in Ost- und Südosteuropa lebenden Deutschen ihre Umsiedlung in die Bundesrepublik anstreben.

Vor achthundert Jahren waren die ersten Deutschen als zumeist begehrte und willkommene Kolonisten in den Osten gezogen. Jetzt kehren die letzten von ihnen heim, ,,unverrichteter Sache'', wie Werner Bergengruen einmal bitter philosophierte. Unverrichteter Sache deshalb, weil mit dem Exodus der Deutschen aus Osteuropa die jahrhundertelange Epoche des gutnachbarlichen Miteinander in diesen Gebieten unwiederbringlich zu Ende geht. Die schmerzliche Endgültigkeit dieser Entwicklung wird den betroffenen Völkern wohl erst in späteren Zeiten gänzlich bewußt werden.

Die Dokumentation dieses leidvollen Teils unserer Geschichte soll nicht der gegenseitigen Aufrechnung von Unrecht Vorschub leisten, sondern ein Geschichtsbewußtsein fördern, das dazu beiträgt, daß Flucht und Vertreibung unschuldiger Menschen ein Ende nehmen. Deshalb wünsche ich der Senderreihe und dem daraus entstandenen Buch ein breites Interesse.

Reinhold Vöth
Intendant des Bayerischen Rundfunks

Einleitung

In den letzten zwei Jahrzehnten ist in breiten Bevölkerungs-schichten das Wissen um den Umfang und das Grauen der Mas-senvertreibung Deutscher in den Hintergrund getreten. Der Zeit-abstand von 1945 und 1946 ist größer geworden. Neue Genera-tionen haben nicht mehr die unmittelbaren Erinnerungen an das Geschehen, es wird ihnen meist auch nicht ausreichend und nicht anschaulich genug übermittelt. Außerdem standen das Ringen um den Wiederaufbau, die Selbstbehauptung, die wirtschaftli-che und soziale Eingliederung im Vordergrund. Allerdings ha-ben auch Schriften, Dokumentationen, Erzählungen und dichte-rische Werke die Wege der Opfer nachgezeichnet. Neben die Do-kumente der Unmenschlichkeit traten dabei auch Dokumente der Menschlichkeit.

Die Vertriebenen haben weder die Untaten, die Deutsche began-gen hatten, verdrängen noch haben sie dagegen Untaten, die an ihnen begangen wurden, aufrechnen wollen. Die ‚Charta der deutschen Heimatvertriebenen' von 1950 hatte bewußt Rache und Vergeltung abgeschworen. Aber viele meinten, die furchtba-ren Ereignisse und die Toten aus der Zeit der Massenvertreibung dürften nicht verschwiegen werden.

Im achten Jahrzehnt unseres Jahrhunderts trat das Ringen um die Ostverträge in den Vordergrund. Sie brachten keinen Ersatz-friedensvertrag und keine tragbare Lösung der deutschen Frage, aber einen klaren Gewaltverzicht gegenüber der Unrechtslage mit sich. Allzu rasch behauptete man, nun gebe es nur noch eine ,,Normalisierung der Beziehungen'', also Verständigung und Versöhnung. Ein kurzer Blick in die Ostblockpresse zeigt jedoch ständige Angriffe gegen die Deutschen, insbesondere gegen die Heimatvertriebenen, die man schon vor zwanzig Jahren als bedeutungslos bezeichnete. Beschimpfungen der Vertreibungsopfer fehlen auch nicht. Haß und Angstgefühle werden verbreitet. Frieden, Versöhnung und eine Befreiung der Gewissen sind durchaus nicht eingetreten.

Die Menschen in den Ländern Ost- und Südosteuropas sind unterdrückt. Die Völker leben unter weit schlimmeren Bedingungen als vor Kriegsausbruch. Die in diesen Staaten verbliebenen Deutschen werden zwangsassimiliert. Ihr Streben nach Ausreise wird von den Diktaturen als politisches Erpressungsmittel genutzt. Die Massenvertreibung wieder hat tiefe Lücken in der Wirtschaft, der Gesellschaft und im kulturellen Leben der Heimatländer hinterlassen. Die Abgrenzung verhindert die Begegnung der Menschen, verhindert den freien kulturellen und geistigen Austausch. Die zentralistische Planwirtschaft hat die Volkswirtschaften der Heimat erschüttert, hat sie in ein Armenhaus verwandelt. Die ungelösten Folgen der Massenvertreibung haben niemandem Segen gebracht.

Im neunten Jahrzehnt unseres Jahrhunderts aber wird wieder die deutsche und die nationale Frage virulent. Die Debatte darum, was Deutschland noch ist, und wie die Zukunft unseres Volkes in einer freiheitlichen europäischen Ordnung gestaltet werden kann, ist neu belebt. Auch Gruppen junger Menschen fragen nach dem Woher und Wohin ihrer Eltern und unseres Volkes. Mit Recht drängt man danach, die Erlebnisse der Heimat und der Vertreibung 40 Jahre danach, unserem Volk nun endlich anschaulicher zu vermitteln. Dies darf nicht dem Haß und der Anklage dienen. Wer das täte, versperrt den Weg für eine engere spätere Zusammen- und Aufbauarbeit in der Heimat, nämlich eine tragbare und gerechte Lösung in einer freiheitlichen und föderalen gesamteuropäischen Ordnung der Staaten, Völker und Volksgruppen. Aber ein breites Wissen vieler um ein tatsächliches Bild der Zeitgeschichte tut not.

Es ist dem ,,Ressort Ostfragen'' der ,,Abteilung Politik'' des Bayerischen Rundfunks zu danken, daß in regelmäßigen Sendungen des Hörfunks der Leiden der verschiedenen, auch der entfernter siedelnden deutschen Volksgruppen gedacht wird und damit ein Stück ihrer Identität zur Darstellung kommt. Nun ist dies dank den Bemühungen von Hans-Ulrich Engel in diesem Buch zusammengefaßt.

Ich bin nicht der Meinung, daß die Ereignisse ein endgültiger Abgesang und ein Abschied der Deutschen aus ihrer Rolle — im Guten und Bösen — in Ostdeutschland, im Sudetenland, in Mittel-, Ost- und Südosteuropa waren. Nichts ist endgültig geregelt, es sei denn — einigermaßen — gerecht geregelt. Die Völker brauchen wieder die enge Begegnung. Mauern und Stacheldraht können nicht der letzte Sinn der europäischen Geschichte sein. Das Jahr 1985 ist aber auch ein Jahr der Trauer und der Besinnung.

Der Besinnung zur Überwindung eigener Fehler, aber auch der Besinnung auf konstruktive Zukunftsaufgaben. Für ein von Fehlern und Untaten gereinigtes Deutschland und eine bessere, konstruktivere Rolle der Deutschen in Europa gingen viele deutsche Widerständler in den Tod. Sie wollten das Grauen und die Untaten der Vergangenheit durch einen harten Weg der Kooperation mit den Nachbarvölkern aufarbeiten.

Wir und unsere Nachkommen und neue Generationen der Nachbarn sind zu dieser allseitigen konstruktiven ,,Wiedergutmachung'' gefordert.

Jeder muß sich allerdings frei dazu und zu seiner Stellung zur Heimat entscheiden. Unsere Nachkommen können sich zum geistigen, politischen und gestaltenden Erbe der Heimat bekennen. Niemandem ist damit gedient, wenn die Deutschen ersatzlos auf die Heimat verzichten. Dies dient weder einem dauerhaften Ausgleich mit den Nachbarvölkern, noch der Überwindung der Teilung Deutschlands und Europas, und es dient am wenigstens einem echten Frieden.

Es dient auch nicht unseren Nachbarn.

Die Erschütterung der Volkswirtschaften und Gesellschaften im Osten wird früher oder später zu mehr Zusammenarbeit mit dem Westen auf Zeit, später vielleicht auf Dauer zwingen. Wir sollten einen friedlichen Wandel zu einer freiheitlichen und föderalen Ordnung der Staaten, Völker und Volksgruppen in Europa auf der Grundlage des Rechts und gegenseitiger Achtung sowie des Ausgleichs anstreben. Dabei darf es nicht neue Unterdrückungen und Vertreibungen geben. Wir sollten die Untaten und die Fehler der Vergangenheit aufarbeiten in einem tapferen, europäisch-geöffneten, von humanistischen und christlichen Werten bestimmten deutschen Volks-, National- und Staatsbewußtsein. Die Darstellung der Massenvertreibung sollte nicht dazu führen, die Hoffnung auf eine freie Heimat und eine freie Zukunft der Völker und Volksgruppen sowie der Staaten Europas aufzugeben.

Dr. Herbert Czaja MdB
Präsident des Bundes der Vertriebenen

Die Umsiedlung der Deutschen aus Wolhynien, Bessarabien und der Dobrudscha

Walli Richter

Es fällt schwer, einen exakten Termin für den Beginn des Exodus der Deutschen aus dem Osten zu finden — oder auch nur zu fixieren. Immer neue Tage, Daten, Jahreszahlen oder Ereignisse bieten sich da als tragische Fixpunkte eines düsteren Kapitels europäischer Zeitgeschichte an. Daten werden angesprochen — wie der 8. Mai 1945 oder das Jahr von Stalingrad. Aber auch die Jahre 1939,1933, 1919 oder sogar 1914 werden als Fixpunkte, als Zäsur für den Exodus der Deutschen aus dem Osten genannt. Die weitgehend glücklose deutsche Geschichte besitzt viele Tage, die als Beginn eines Exodus gelten können, der bis heute noch kein Ende gefunden hat. Und doch erscheint jeder Anfang nur als dunkle Folgeerscheinung dessen, was zuvor schon begonnen hatte! Wie ein Fanal klingt da der Satz, den Adolf Hitler am 1. September 1939 einer aufgeschreckten Welt entgegenschrie:

„Seit 5.45 Uhr wird zurückgeschossen."

Die Schüsse des Zweiten Weltkrieges leiteten ein Kapitel der Heimatlosigkeit für viele Deutsche ein. Damals begann die planmäßige Umsiedlung der Deutschen aus Wolhynien, aus Galizien, Bessarabien und der Dobrudscha; begann mit diesem Fanal, mit dem Kriegsausbruch von 1939 ein düsterer Abschnitt europäischer Zeitgeschichte. Eine Bewegung wurde in Gang gesetzt, die unter dem Schlagwort „Heim ins Reich" auf eher melancholische Weise Geschichte machte. Die Trecks der Umsiedler von damals bildeten nur die Spitze eines unermeßlich langen Elendszuges, der sich seither westwärts durch Europa zieht.

Ungefähr 60.000 Deutsche aus Wolhynien gehörten mit zu den ersten, die dieses Leid der Umsiedlung erdulden mußten.

In über hundert Kolonien hatte die bei Kriegsausbruch annähernd 200.000 Seelen zählende Volksgruppe in Wolhynien in der

Mitte des 19. Jahrhunderts unweit der Städte Luck, Rowno und Shitomir an der Grenze zwischen Polen und Rußland gesiedelt. Im Laufe einer bewegten Geschichte wurde diese Grenze der Volksgruppe immer wieder zum Schicksal, unter anderem 1915, als der überwiegende Teil der Wolhyniendeutschen — Männer, Frauen und selbst Kinder! — nach Sibirien verschleppt wurden. Erst nach 1921, als der Friede von Riga die Einverleibung ausgedehnter weißrussischer und ukrainischer Gebiete in das polnische Staatsgebiet herbeigeführt hatte — darunter auch einen Teil Wolhyniens — kehrten die Verschleppten in ihre Heimat zurück. Viele blieben jedoch verschollen, waren zu Tausenden den Strapazen zum Opfer gefallen, lebten verstreut in den Weiten Rußlands oder hatten ihr Heil in der Auswanderung nach Amerika gesucht.

Ein großer Teil der rund 100.000 Deutsche zählenden Volksgruppe in Russisch-Wolhynien wurde nach dem Einmarsch der deutschen Truppen in Polen, also nach 1939, im Wartheland angesiedelt. Alle deutschen Wolhynier aber, die diese Neuansiedlung nicht erreichten und dann 1941 von der Front überrollt wurden, teilten das bittere Schicksal der Rußlanddeutschen mit Verschleppungen nach Sibirien, Kasachstan und anderen Gebieten Innerasiens.

Den Deutschen in Polnisch-Wolhynien drohte ein ähnliches Leid. Im deutsch-sowjetischen Vertrag vom August 1939 war in einem Zusatzprotokoll eine Abgrenzung der beiderseitigen Gebietsinteressen festgehalten worden, die bereits territoriale Umgestaltungen vorsah. Am 17. September marschierte die Rote Armee in Ostpolen ein. Ganz Wolhynien wurde damit ebenso wie andere Siedlungsgebiete der Deutschen in Polen der UdSSR überlassen.

Doch auch die letzten Wochen vor dem Einmarsch der Russen waren schon überschattet von Vorzeichen des Leides, das dieser Volksgruppe bevorstand. Kirchenmusikdirektor Weiß erinnert sich:

„Als 1939 am 1. September der Krieg ausbrach, waren die Polen sofort informiert darüber, daß man alle Deutschen, die vorher aktiv für das Volkstum gearbeitet hatten, zu internieren hätte. Und so sind damals aus Wolhynien schätzungsweise etwa 500 Männer, wohl auch einige Frauen, das weiß ich nicht so genau, darunter alle Lehrer und alle Pfarrer, verhaftet worden. Ein Teil von ihnen kam sogar bis nach Beresa Kartuska in das berüchtigte Lager. In Beresa Kartuska dürften schätzungsweise über 10.000 Männer und Frauen gewesen sein, davon die meisten Ukrainer, viele Deutsche, auch Juden.

Die Umstände eines solches Lagers, die näheren Umstände, braucht man hier wohl kaum zu schildern: tägliche Prügel, dann höchst mangelhafte Verpflegung, Durst peinigte die Leute. Die Bewacher waren polnische Polizisten, aber meist hatten sich dazu Hilfstruppen gefunden — und das waren oft Kriminelle. Das Lager wäre wahrscheinlich in die Geschichte dieser schrecklichen Einrichtungen als Todeslager eingegangen ...''

Dem schlimmsten Schicksal entgingen viele Internierte und ihre Familien in Wolhynien durch den Einmarsch der Deutschen in Polen. Aber auch damals beeinflußte wiederum die Grenze das Schicksal dieser Volksgruppe. Pfarrer Schmidt aus der wolhynischen Gemeinde Tuczyn berichtet.

,,Als ich aus dem Konzentrationslager Beresa Kartuska zurückkehrte und meine Familie wohlbehalten vorfand, war die Aufregung bei den deutschen Kolonisten groß, denn sie hatten von dem Verlauf des Krieges irgendwie eine Erleichterung erwartet. Stattdessen aber waren die Sowjetrussen in Wolhynien eingezogen. Es dauerte nicht lange, und es wurde durch Rundfunk bekannt gegeben, daß durch eine Vereinbarung zwischen der deutschen und sowjetischen Regierung alle Deutschen östlich des Bug in das Reich umgesiedelt werden sollten. Davon waren die Wolhyniendeutschen, aber ebenso die Galiziendeutschen und auch weiter nördlich die Narew-Deutschen betroffen. Die Umsiedlung erschien als große Erleichterung für alle, nun nicht unter den Sowjets bleiben zu müssen; denn die Wolhyniendeutschen waren ja im ersten Weltkrieg nach Rußland verschleppt worden, haben die Revolution erlebt und haben auch noch ganz böse Erfahrungen mit den Bolschewiken gehabt, und so war man sich hunderprozentig einig: ‚Wir wollen aus Wolhynien heraus!'"

Der von Stalin und Hitler vereinbarte und von Molotow und Ribbentrop signierte sogenannte deutsch-sowjetische Grenz- und Freundschaftsvertrag vom 28. September 1939 bot diese Möglichkeit durch eine Zusatzvereinbarung zur Bevölkerungsumsiedlung. Nahezu vollzählig meldeten sich die Deutschen in Wolhynien zur Umsiedlung bei den neugebildeten deutsch-sowjetischen Kommissionen. Trotz der Kürze der Abwicklungszeit von nur wenigen Monaten wurde die Umsiedlung recht geordnet vorbereitet. Die Habe der Umsiedler wurde von Kommissionen geschätzt. Die umsiedlungsbereiten Deutschen selbst versorgten sich noch mit dem Notwendigsten, und mit zu Trecks zusammengeführten langen Wagenkolonnen oder Eisenbahnzügen wurden sie dann zunächst im Sammellager in der Nähe von Lodz verbracht. Im kalten Winter 1940/41 wurde diese Reise dennoch nach den Worten von Pfarrer Schmidt zu einer Zeit schwerer und vor allem menschlicher Not.

„Tuczyn ist am 6. Januar 1940 umgesiedelt worden. Wir fuhren zunächst einmal über 20 km nach Kostopol. Auf dem Bahnhof Kostopol stand ein langer Zug bereit, in den wir verladen wurden. Es waren 35 Grad Frost. Und so fuhren wir zunächst nach Brest Litowsk, dort wurden wir dann aus diesen Zügen herausgerufen, mußten umsteigen, allerdings in ungeheizte Züge; das betraf jedenfalls unsere Gruppe. Und das hatte zur Folge, daß wir bis nach Warschau im ungeheizten Zug fahren mußten. Viele Kinder, besonders Kleinkinder und Säuglinge haben sich dort eine Lungenentzündung geholt und verstarben später."

Die Verluste waren groß. Nicht nur Kinder, auch Alte und Kranke hatten unter den Reisebedingungen zu leiden. Unter schwierigsten Witterungsbedingungen verirrte sich mancher Treck, kam verspätet ans Ziel und brachte Kranke mit. Dabei war die Reise den Umsiedlungswilligen ebenso wohlorganisiert geschildert worden wie der ganze Umsiedlungsplan:

„Ihr Deutschen aus Wolhynien werdet nach Polen, und zwar in den neugebildeten Warthegau, umgesiedelt.

16

Auf Eure Höfe in Wolhynien kommen Ukrainer, die aus dem Lubliner und Cholmer Land zurück nach Osten umgesiedelt werden. Die Polen wiederum, auf deren Höfe Ihr Wolhyniendeutsche angesetzt werdet, kommen in dieses Lublin-Cholmer Gebiet und dürfen dort angesiedelt werden."

Was jedoch auf Schreibtischplänen logisch und vollziehbar aussah, sollte sich in der praktischen Durchführung bald als bittere Enttäuschung für die Umsiedler erweisen: Rund um Lodz wurden Lager eingerichtet, in denen die Umsiedler zunächst untergebracht wurden. Dort wurde ihre volkstreue Zuverlässigkeit ebenso geprüft wie ihre rassische Zugehörigkeit. Mit der Registrierung und Eintragung in sogenannte Volkslisten erhielten die Umsiedler dann einen Paß. Aber nur wer die Eintragung in die „Volksliste I" erreichte, erhielt den deutschen Paß und wurde — zumeist geschah das im Wartheland und in Westpreußen — angesiedelt. Auch bei dieser Ansiedlung machten die Wolhy-

Bei schneidender Kälte quälen sich die Pferdegespanne über vereiste Straßen

niendeutschen manche menschlich bewegende Erfahrung: „Das Feuer in den Herden der polnischen Höfe brannte noch von unseren Vorgängern", steht in einem Bericht zu lesen. Allzubald wurde auch bekannt, in welcher Form diese Vorgänger von ihren Höfen vertrieben worden waren. Die Umsiedler ahnten und hörten vom schrecklichen Schicksal der Juden in Polen und anderswo. Bedrückt und nicht immer mit Freuden übernahmen die Bauern daher die neuen Höfe im Wartheland und in Westpreußen. Kirchenmusikdirektor Weiß sagt darüber:

„Für mich persönlich kann ich nur bestätigen, daß ich die Wohnung, die man mir in Lodz angeboten hatte — die Wohnung eines reichen polnischen Industriellen — abgelehnt habe und in eine leerstehende Wohnung eingezogen bin, für die ich mir dann allmählich die Möbel selber zusammengekauft habe. Ich weiß auch von meinem Schwager, der es abgelehnt hat, den Hof eines benachbarten Polen zu übernehmen, weil dieser Pole ja kleine Kinder hatte. Man hat dafür meinen Schwager rasch an die Front geschickt."

Den Deutschen aus Wolhynien blieb aber auch kaum Zeit, die übernommenen Höfe und Wohnungen zu bewirtschaften. Schon wenige Jahre nach ihrer Umsiedlung zwang sie das Herannahen der Front zur Flucht. Sie erlebten das Flüchtlingsschicksal der Deutschen aus dem Osten, und nicht wenige von ihnen erduldeten das noch schwerere Schicksal der Deutschen, denen die Flucht vor der russischen Front 1944/1945 nicht mehr gelang. „Wofür und warum dieses Leid," fragt der wolhynische deutsche Pfarrer Schmidt. „Wofür dies alles?" Die Entscheidung zur Umsiedlung war den deutschen Bauern aus Wolhynien sicher nie leicht gefallen.

„Es war natürlich nicht ganz so einfach, die Heimat zu verlassen, wie das nach außen leichthin dargestellt wurde. Aber die Erfahrungen, die die Wolhyniendeutschen im ersten Weltkrieg durch die Verschleppung nach Sibirien gemacht hatten, die Leiden während der Revolutionszeit und während der Zwischenkriegszeit, aber auch die dauernde Benachteiligung durch die polnischen Behörden hatten den Deutschen in Wolhynien bewußt gemacht, daß es in diesem Land keine wirkliche Zukunft mehr für sie gäbe; und so schwer es ihnen auch gefallen ist, so sind sie doch innerlich befreit gewesen, als sie nach dem Westen gehen konnten."

Auch der aus Wolhynien stammende Kirchenmusikdirektor Weiß macht sich die Antwort auf die Frage nach dem ‚Warum', nach dem Hintergrund der Umsiedlung nicht leicht.

„Man verließ ja nicht nur seinen Hof, man verließ seine Kirche, man verließ den Friedhof, auf dem die Eltern und die Geschwister lagen, man verließ die Stätte, an der mancher vielleicht getraut war, die Kinder getauft worden waren. Man verließ die Schule, die man mühsam aufgebaut hatte. Daß man all die Dinge jetzt zurückließ, daß man sie schweren Herzens zurückließ, dafür nur ein Beispiel: Aus meinem Dorf der alte Willem Drews hat nach einer Bahnfahrt, als er eine ganze Nacht lang schon im Zug gefahren war, tief seufzend gesagt: ‚Wemmer jetz raus könnt' und wieder zurück könnte, je!'"

Die Deutschen aus Wolhynien bildeten nur die Vorhut. Weitere Trecks mit neuen Umsiedlern folgten bald: Deutsche aus Bessarabien, aus der Bukowina und aus der Dobrudscha.

Die Besiedlung Bessarabiens durch Deutsche war Anno 1763 von der Zarin Katharina der Großen im russischen Reich eingeleitet worden. Die stärkste Zuwanderung der Deutschen in dieses Gebiet aber geschah Mitte des 19. Jahrhunderts und führte unter anderem zur Gründung von deutschen Siedlungen in Bessarabien und in der Dobrudscha.

80.000 Deutsche lebten vor Beginn des Zweiten Weltkrieges in Bessarabien, in dem Land zwischen Dnjestr und Pruth, und 12.500 Deutsche lebten damals in ihren Dörfern in der Dobrudscha, meist rings um die Hafenstadt Constanza am Schwarzen Meer. Bis zur Jahrhundertwende gehörte Bessarabien zu Rußland, die Dobrudscha aber fiel schon mit dem Ende des russisch-türkischen Krieges in der zweiten Hälfte des 19. Jahrhunderts an Rumänien. Sie bildete also bereits vor dem ersten Weltkrieg einen Teil Rumäniens. Bessarabien kam aber erst nach 1918 unter die Herrschaft der Krone Rumäniens.

Weil Rußland jedoch den Verlust Bessarabiens nie ganz verwunden hatte, war diese Region wieder und wieder gefährdet, von den Sowjets besetzt zu werden. Die Verhandlungen um einen Neuanschluß Bessarabiens und auch der Bukowina an die Sowjetunion erreichten mit dem Kriegsbeginn von 1939 dann ihren Höhepunkt. Am 23.8.1939 hatte Deutschland einen Nichtangriffspakt mit Rumänien geschlossen. Das gab den deutschen Volksgruppen in diesem Land einen gewissen Schutz. Nur wenige Wochen später, am 28.9.1939, schloß das Deutsche Reich jedoch auch einen Grenz- und Freundschaftsvertrag mit der Sowjetunion, der in einem Zusatzprotokoll Bevölkerungsumsiedlungen vorsah. Schon eine Woche darauf, am 6.10.1939, nährte eine Rede Hitlers die Gerüchte um eine Umsiedlung der Volksdeutschen auch aus Teilen Rumäniens.

Im Frühsommer 1940 wurde die Befürchtung dann wahr: Die Rote Armee marschierte in Teilen Rumäniens ein und besetzte das Gebiet Bessarabiens und die Nordbukowina. Noch aber bewahrten die russischen Truppen die Deutschen vor Übergriffen herumziehender Horden. Ein Bericht von Dirk Jachomowski aus dem Ort Gnadental in Bessarabien schildert die bedrückende Situation, der die Deutschen damals ausgeliefert waren.

„Um 12 Uhr kamen aus dem Dorfe Pavlovka, das zwei Kilometer entfernt ist, Bauern mit Sensen, um das Dorf Gnadental zu besetzen. Sie erklärten, bis jetzt seien sie die Knechte gewesen, jetzt seien sie die Herren. Um 14 Uhr trafen sechzehn Mann russischer Infanterie ein und stellten sofort Ruhe und Ordnung her. Es handelte sich um ukrainische Truppen, die sich gegen die deutsche Bevölkerung sehr anständig benommen haben."

Wenn auch die Deutschen vorläufig weitgehend unbehelligt blieben, so kam es doch immer wieder zu Verhaftungen. Die Unsicherheit wuchs auf allen Gebieten. Selbst die Versorgungslage verschlechterte sich im vormals reichen Bauernland zusehends. Nur vor diesem Hintergrund wird es verständlich, daß der am 5. September 1940 unterzeichnete Vertrag über die Umsiedlung der Deutschen aus Bessarabien und der nördlichen Bukowina von den dort beheimateten Deutschen freudig begrüßt wurde.

Wie in Wolhynien ein Jahr zuvor nahmen Umsiedlungskommissionen, die von Deutschen und Sowjets gleichmäßig besetzt waren, ihre Arbeit auf. Sie registrierten die Vermögenswerte, um eine Entschädigung der Umsiedlung in Deutschland vorzubereiten, und schon am 24.9.1940 rollten erste LKW-Transporte zu den Donauhäfen. Von dort wurden die Umsiedler mit Personendampfern auf der Donau vorerst nach Prahovo und Semlin in Jugoslawien — damals Südslawien — und später in neue Lager in Österreich gebracht.

Wenige Wochen später folgten die Deutschen aus der Dobrudscha, die, verunsichert durch den Einmarsch der Sowjets in Bessarabien, nach schwerem Ringen ihre Umsiedlung in die Wege leiteten. Ein Deutscher aus der Dobrudscha, der als Sechzehnjähriger diese Umsiedlung miterlebte, berichtet:

„Als 1939 der Krieg in Polen ausgebrochen ist, zu gleicher Zeit hat Rußland Bessarabien besetzt, da ist ein gewisses Angstgefühl in der Dobrudscha unter den Deutschen ausgebrochen, daß sie gefürchtet haben, daß der Bolschewismus auch über die Dobrudscha kommen würde. Und da ist eine Kommission vom Deutschen Reich und der damaligen rumänischen Regierung von König Ferdinand I. gebildet worden, und die Deutschen wurden gefragt, ob sie ins Reich zurückkehren wollten, wo ja einst unsere Vorfahren herkamen.

Bei uns, wir waren die nächste Ortschaft an Constanza und eine katholische Ortschaft, da ist die Kommission zuerst aufgetaucht und hat die ganzen Höfe aufgenommen. Und so ist es weiter gegangen. Es gab so viele Ortschaften ....

Wir sind dann ausgesiedelt worden. Nach der Aufnahme unseres Hab und Gut' sind wir ortschaftsweise an einen Bahnhof gebracht worden, und vom Bahnhof ging's dann Richtung Deutschland. Und diese Aussiedlung hat viele unserer Menschen hart getroffen, obwohl es freiwillig war. Ich muß nur kurz noch hinzufügen: In der Ortschaft, wir waren 3.500 Deutsche, und davon sind bloß zwei Familien zurückgeblieben, und die waren nicht rein deutsch, sondern es war eine Mischehe zwischen Polen und Deutschen."

Über die wirtschaftlichen Regelungen der Umsiedlung berichtet derselbe Deutsche aus der Dobrudscha:

„Das ist aufgenommen worden, damit hier in Deutschland uns das auch wieder zurückerstattet wird, was wir dort unten besessen haben. Es ist der Grund und Boden aufgenommen worden, es ist das Haus und Hof und totes und lebendes Inventar, denn uns're Leute waren zu 90 Prozent Bauern, und da ist alles aufgenommen worden: Pferde, Kühe, Schafe, Schweine, Hühner, alles, was da war, an Getreide, was zurückgeblieben ist; denn die Ernte war ja vorbei, und das Getreide lag in der Scheune, hat alles müssen aufgenommen werden... Und so ist dann auch unser Hof geschätzt worden in Reichsmark.

Uns ist aber leider Gottes gar nichts ersetzt worden, wir haben das bittere Leid ertragen müssen, wir sind nach Deutschland gekommen, und zwar nach Österreich, da hat man uns in die Lager gesteckt..."

Auch manche anderen Versprechungen sind, so berichteten viele Umsiedler aus der Dobrudscha, nicht eingehalten worden. So verbreitete sich bald Bitterkeit und Enttäuschung.

„Die Lager kann ich nur als katastrophal bezeichnen: Ich war damals 16 Jahre alt, und wir waren in Ybbs im Schloß. Wir waren in verschiedenen größeren Städten, in Schulen. Und immer mit fünf, sechs Familien in einem Zimmer. Das war das Katastrophale für die ältere Generation. Und wir haben eine Gemeinschaftsküche gehabt, so daß unsere Leute sich anstellen mußten zum Essen. Das war von 1940 bis 1944. Mitte 1944 ist ein Teil unserer Landsleute dann in die Tschechei zwangsumgesiedelt woden. Dort hat man uns hingebracht und hat die Tschechen von den Höfen runter und unsere Landsleute auf den Hof gesetzt als Eigentümer, so wie es uns versprochen war. Aber viele unserer Landsleute haben den Wunsch nicht entgegengenommen, sondern haben sich geweigert, solche Höfe anzunehmen, denn uns ist versprochen worden, im Deutschen Reich und nicht in der Tschechoslowakei anzusiedeln.

Ein Großteil unserer Leute, der evangelische Teil und ein Großteil auch katholischer Dörfer, waren im Warthegau gesiedelt. Die waren schon 1943 nach dem

Warthegau gekommen und haben nach dem Krieg das gleiche Schicksal erlebt wie unsere Landsleute."

Bitter — so erklärten übereinstimmend Augenzeugen — sei das Schicksal derer gewesen, die das Kriegsende in den Gebieten erlebt haben, in denen die Ansiedlungen verlaufen seien. Der Haß der Polen und Tschechen habe die Umsiedler schwer getroffen. Zu Tausenden, so wird berichtet, seien sie erschlagen, gefoltert und beraubt worden.

„Es war sehr schlimm; denn der Haß war sehr groß, und es gab keine Ausnahme, ob einer zu den Tschechen freundlich war oder nicht. Denn diejenigen, die eben dann gekommen sind, haben keine Ausnahme gemacht: wenn er Deutscher war, war er ein Feind. Da haben wir auch sehr viel mitgemacht. Ich habe meinen Vater verloren, die Schwester mit drei Kindern, und das war alles auf einmal.

Ein Großteil unserer Landsleute ist wieder zurück nach Rumänien, weil sie unter die Besatzung der Russen gefallen sind, und die Russen haben gesagt: ‚Jeder dahin, wo er geboren ist.' Und so sind unsere Leute wieder auf langem Wege zurück in die Dobrudscha und wurden dort, muß ich sagen, von den Rumänen sehr freundlich aufgenommen."

Nach oft monatelangem Herumirren erreichten viele Umsiedler erschöpft wieder ihre alte Heimat. Andere suchten Zuflucht im Westen. Doch auch für die Zurückgekehrten war die Irrfahrt nicht zu Ende: heimgekommen, waren sie zu Fremden in der Heimat geworden. Ihre Höfe befanden sich in den Händen von neuen Besitzern. Die Schulen und die Kirchen waren geschlossen. Die Deutschen waren allzuhäufig auch unwillkommene Gäste im eigenen Land.

Schon ein Jahr später begannen die Umsiedler erneut den Weg nach Westen zu suchen. Viele von ihnen haben diesen Weg beschritten in den 40 Jahren, die seither ins Land gegangen sind. Die Trecks der Umsiedler waren die ersten — damals, 1939. Sie bildeten die Spitze des langen Leidenszuges. Die letzten kommen heute als Aussiedler zu uns. Wirklich die Letzten? Das Ende des Exodus ist noch nicht in Sicht, und es läßt sich noch heute schwer sagen, wann es eigentlich war, als der Exodus begann…

Dennoch sollten — allem erlebten Leid zum Trotz — die Umsiedler, Flüchtlinge, Vertriebenen und Aussiedler ihre bitteren Erfahrungen nicht umsonst gemacht haben. Es sollte endlich die Lehre gezogen werden, daß nie mehr geschehe, was damals geschah.

„Menschen werden verschoben," klagt Hermann Schreiber in seinem Buch „Unvergessener Deutscher Osten" und fährt fort:

„Diese vor allem im Osten sich auswirkende Gleichgültigkeit gegenüber dem Menschenleben und dem Menschenrecht, wie sie der Nationalsozialismus deutschen und slawischen Völkern vorexerzierte, ist die eigentliche Ursache der drei großen Völkerwanderungen geworden, die zwischen 1940 und 1946 die Volkstumsgrenzen im Osten so nachhaltig veränderten: der Umsiedlungsaktion, der Ostarbeiter-Deportation und der Deutschen-Austreibung. Nur die erste und kleinste von ihnen, die Teilumsiedlung der Volksdeutschen, spielte sich unter Umständen ab, die dem allgemeinen Niveau unserer Zivilisation einigermaßen entsprachen. Von den beiden anderen größeren Völkerwanderungen im Osten läßt sich dies nicht behaupten."

Dennoch ein Weg der Tränen und des Leids nahm seinen Anfang, damals, als der Exodus begann!

Die Umsiedlung der Deutschen aus dem Baltikum und der Bukowina

Hans-Ulrich Engel und Dieter Nubert

1937 war die Welt im Baltikum noch — scheinbar — heil, war bei den meisten Deutschen, die zwischen Libau und dem Peipussee lebten, der Gedanke verpönt, die Heimat zu verlassen oder, wie Agnes Miegel es einmal ausdrückte, ,,die Fahrt der Heimat abgekehrt'' anzutreten. Noch im Herbst 1937 stand in den in Riga erschienenen ,,Baltischen Monatsheften'' das zugleich trutzige und nachdenklich stimmende Bekenntnis zu lesen:

,,Die Worte, mit denen wir die Heimatverbundenheit auszudrücken pflegen, sind abgeschliffen und verbraucht. Wer fort will, findet tausend Entschuldigungen. Wieder sind die Kraniche nach Süden gezogen, und mancher hat ihnen nachgeschaut. Wir folgen ihnen nicht. Wir überwintern.''

Zwei Jahre später war die Welt im Baltikum nicht mehr heil. Das Deutsche Reich und die Sowjetunion hatten am 28. September 1939 einen politisch folgenschweren Grenz- und Freundschaftsvertrag abgeschlossen, und nur wenige Tage später signierten Vertreter der Sowjetunion und Lettlands einen ebenso politisch folgenschweren Beistandspakt. Nur einen Tag darauf kündigte Adolf Hitler in einer Reichstagsrede die Repatriierung der Deutschen aus dem Baltikum an. Was das für die Deutschen bedeutete, die seit Jahrhunderten in diesem Winkel Europas mit den Völkern des Ostens Tür an Tür gelebt hatten, erklärt der im estnischen Reval geborene Wissenschaftler Andreas von Weiß.

,Der Schock, daß alle Baltendeutschen ins Deutsche Reich umgesiedelt wurden, löste eine Spannung. Die Ereignisse des Sommers 1939 hatten viele Vorboten einer dramatischen Entwicklung gebracht. Die Sowjetunion hat den baltischen Staaten Beistandsverträge angeboten, die diese annehmen mußten. Die Verträge sahen die Überlassung militärischer Stützpunkte an die Rote Armee vor. Vielen war klar, daß das eine Konsequenz bedeuten konnte: Die Annexion der baltischen Staaten durch die Sowjetunion nämlich. Diese Aussicht und der Ruf der Sowjetunion, von der man sich in der Erinnerung an die Greuel der Oktoberrevolution das Schlimmste erwarten konnte, ließ als Alternative zur Umsiedlung ein Verbleiben im Lande auch für die meisten der entschiedenen Kritiker des Dritten Reiches als indiskutabel erscheinen."

Der Vertrag über die Umsiedlung von Bürgern deutscher Volkszugehörigkeit enthielt ausdrücklich den Passus:

„... die Regierung verpflichtet sich, diejenigen Staatsangehörigen deutscher Volkszugehörigkeit aus der lettischen Staatsangehörigkeit zu entlassen, welche bis zum 15. Dezember 1939 freiwillig ihren Entschluß bekunden, für alle Zeiten aus der lettischen Staatsangehörigkeit auszuscheiden und ihren ständigen Wohnsitz in Lettland zu verlassen."

In Wahrheit aber hatten die im Baltikum beheimateten Deutschen gar keine Wahl. Hinzukam, daß eine massive politische Beeinflussung und Überlegung verdrängte, was mit der Aufgabe der Heimat im Baltikum in Wahrheit verlorenging. Der Reisebürounternehmer Alexander Wencelidis erinnert sich:

„Ich war zur Zeit der Umsiedlung Schüler und 17 Jahre und habe eigentlich die Tragweite der ganzen Umsiedlung als Deutsch-Balte gar nicht richtig erfaßt. Rückblickend erscheint es mir, daß ich nur das große Abenteuer in mir spürte, sich in Deutschland, im Mutter- oder Heimatland, wie wir es als Deutsch-Balten bezeichnen können, neu anzusiedeln, ein neues Leben zu beginnen. Was wir da verloren haben, was uns in Deutschland erwartete, davon machte ich mir eigentlich gar keine richtigen Vorstellungen."

Nahezu 700 Jahre Gemeinsamkeit mit den Völkern des Ostens hatten bei den Deutschen aber auch die Versuchung der Preisgabe dieser Gemeinsamkeit weitgehend verdrängt — trotz vieler Gefahren und Anfechtungen. Dennoch gibt der Jurist Erich von

Nolte in aus der Rückschau auf das, was 1939 auf die Deutschen in Lettland und Estland hereinbrach, zu bedenken:

„Ich muß sagen, daß die Überraschung, daß wir umsiedeln, sehr groß war, denn wir erfuhren die Nachricht am 6.10.39 über den Rundfunk. Wir hörten gerade eine Rede Hitlers, und da wurde uns ‚mitgeteilt‘, in Anführungsstrichen, daß wir demnächst Lettland zu verlassen hätten und nach Deutschland umsiedeln müßten. Am 9.10. erschienen dann die ersten näheren Angaben in der deutsch-baltischen Presse über die bevorstehende Umsiedlung, und dann nahmen die Ereignisse sehr schnell ihren Lauf. Offiziell war das so, daß ab 16 Jahren jeder Entscheidungsfreiheit besaß, jeder konnte entscheiden, ob er in Lettland bleiben oder umsiedeln will. In Wirklichkeit war das so, daß der Druck derart stark war, daß ein Verbleiben in Lettland fast unmöglich erschien, es sei denn, daß die eigene Volkstumszugehörigkeit praktisch aufgegeben wurde; denn, aufgrund von Vereinbarungen zwischen Deutschland und Lettland, sollten die deutschen Schulen liquidiert werden, ebenso die deutsche Kirchenverwaltung, auch die deutschen Verbände und das ganze deutsche Kulturleben sollten aufhören. Das Deutschtum als solches sollte liquidiert werden, und wer dableiben wollte, mußte dann im lettischen Volkstum aufgehen. Das war aber gar nicht für jeden möglich, denn wenn zum Beispiel jemand in einer deutschen Anstalt oder in einer deutschen Firma arbeitete, verlor er seine Arbeit, und es war nicht einfach, eine Ersatzstelle zu finden."

In der „Rigaschen Rundschau" stand damals zu lesen:

„Jeder fühlt, was es bedeutet, von einem Dreiviertel-jahrtausend deutscher Aufbauarbeit Abschied zu nehmen."

Der Abschied wurde den Deutschen allerdings bis zu einem gewissen Grade auch leicht gemacht. Sie fühlten sich in zunehmendem Maße isoliert.

„Dies Gefühl hatten wir ganz stark für uns. Als Jugendliche, die wir auch in der Jugendbewegung organisiert waren, erschien uns Deutschland schon immer als Idealbild der Ordnung und der Sauberkeit; und als Auslandsdeutsche fühlt man ja ganz anders und viel nationaler, als wenn man in Deutschland selber wohnt. So war es für uns also ein Wunder, daß wir überhaupt dort hingerufen wurden, und wir haben eigentlich als Jugendliche blindlings unseren damaligen Landesführern vertraut und genauso dem Ruf des Deutschen Reiches. So waren wir davon überzeugt, daß für uns wunderbar gesorgt werde, und daß das Leben bestimmt schöner und reicher und leichter sein würde, als wir es doch im Baltikum als Deutsch-Balten hatten."

Hinzukam als Element der Täuschung eine an rauhe Bevormundung grenzende politische Beeinflussung. Den Deutschen im Baltikum wurde wieder und wieder zugerufen:

„Wer sich in diesen Tagen von seiner Volksgruppe löst, um im Lande zu bleiben, scheidet sich für alle Zeiten vom deutschen Volke."

Aber es gab auch andere Stimmen. Geistliche empfanden die Umsiedlung als Exodus — ohne es auszusprechen, und sie wußten, daß sie bei Abendmahlsfeiern in der Rigenser Gertrudkirche und bei Gebetsstunden im Gertrudheim verstanden wurden, ohne daß sie deutliche Worte gebrauchten. Es gab, wie sich Erich von Noltein entsinnt, Menschen und Kräfte, die sich rückhaltlos gegen die Umsiedlung aussprachen.

„Es gab zum Beispiel den Fall des Pfarrers oder Pastors Graß, der seine Gemeinde aufrief, in Lettland zu bleiben und der dann sehr stark — deutscherseits — diffamiert wurde, damit die Gemeinde sich entschloß, mit auszuwandern oder umzusiedeln. Offiziell hieß die Umsiedlung Repatriierung. Der andere Fall war verbunden mit der Lehrerin, namens Unvericht. Sie hatte vor, eine deutsche Schule für diejenigen zu gründen, die dort blieben. Aber auch dieser Fall wurde geradezu terrorähnlich abgewürgt."

Gegen all diese Stimmen und Stimmungen wurde eine politisch mitleidlos agierende Propagandamaschinerie ingangggesetzt.

„Rigasche Rundschau", 8. November 1939:

„Wer heute nicht gehorchen lernt und gegen die Disziplin verstößt, stört das Umsiedlungswerk und muß mit hartem Durchgreifen rechnen."

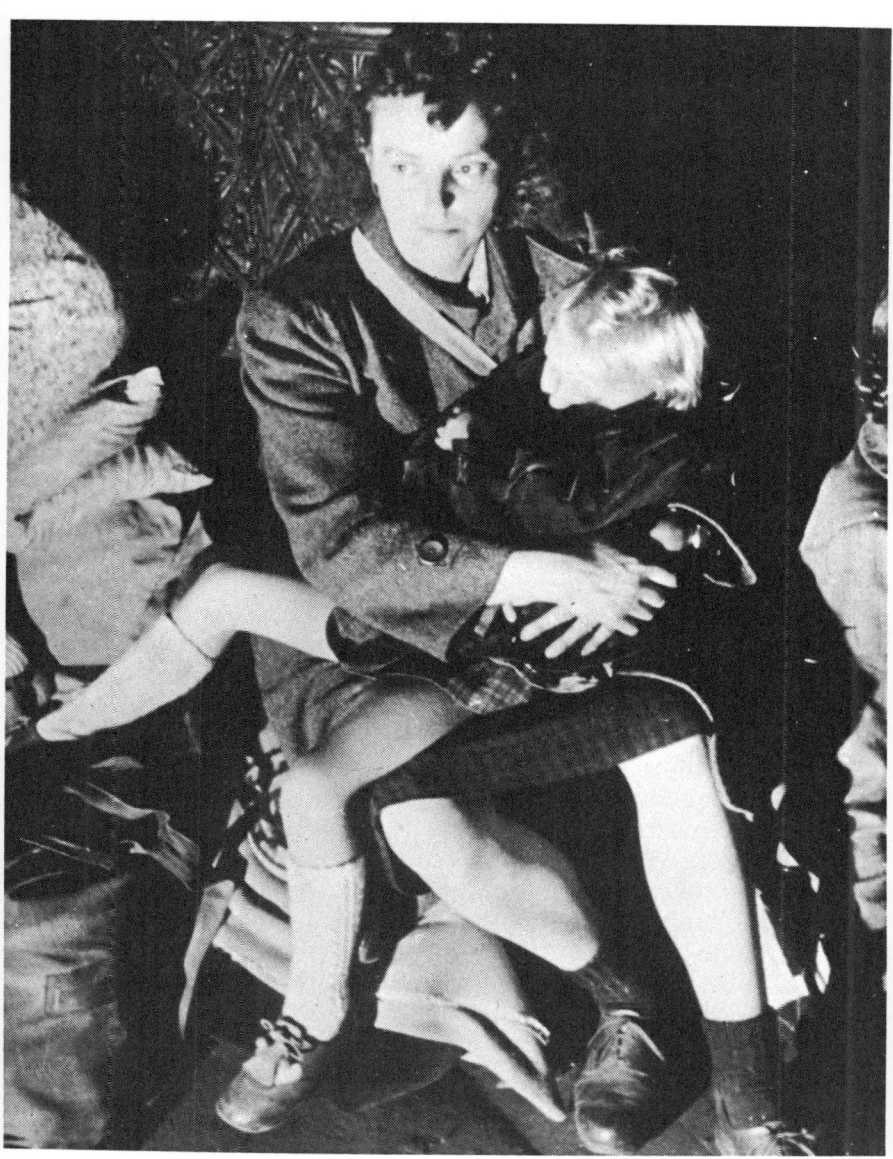

Kurze Rast auf der Flucht

„Rigasche Rundschau", 28. November 1939:

„Zweifelst Du noch? Dein Volk erwartet Dich mit offenen Armen. Hier aber bleibst Du allein: ein Fremdling unter Fremden."

„Rigasche Rundschau", 9. Dezember 1939:

„Sechs Tage nur bleiben Dir zur Entscheidung, ob Du in den starken Schutz Deines Volkes einkehren und an seinem Aufstieg teilhaben willst, oder ob Du als verlassener Einzelner einem Schicksal ausgeliefert sein willst, das Du nicht zu beeinflussen vermagst."

Innerhalb weniger Wochen wurden die Deutschen aus ihrer Umgebung herausgerissen, in der ihre Familien Jahrhunderte hindurch gelebt hatten. Der aus Kurland stammende Buchhändler Wilhelm Unverhau berichtet:

„Ich weiß nur, daß die Nachricht der Umsiedlung für uns alle vollkommen überraschend kam. Es hat sich alles ja in der Tat in wenigen Wochen ergeben und abgespielt. Ich weiß, daß meine Eltern ganz aufgeregt uns Kinder und den Hausstand zusammenriefen und uns erzählten, daß wir nach Deutschland umsiedeln werden. Das erste Erschreckende war dabei, daß sie sagten, wir können fast gar nichts mitnehmen. ‚Ihr Kinder überlegt Euch ganz genau, was ihr von Euren Spielsachen und Euren Sachen, die Euch liebgeworden sind, auswählt.' Das ist so, wie wenn man heute sagen würde, welches Buch nehm' ich auf eine einsame Insel mit. Das war also das Erste. Die zweite Nachricht, nach einigen Tagen, lautete bereits, daß man eine ganze Menge mitnehmen kann. Da hatten wir uns aber schon für gewisse Dinge entschieden. Ich weiß nur, daß die Tage, die bis zur tatsächlichen Umsiedlung vergingen, äußerst hektisch waren. Es wurde gepackt, es gab keine Nägel mehr, es gab keine Bretter mehr, es gab keine Koffer mehr, es war alles ausverkauft. Es kamen Leute, die schätzten unsere Wertgegenstände, und ich weiß noch, daß wir ein sehr kostbares, geschreinertes Büro besaßen und ein sehr wertvolles Gemälde, das wurde sozusagen auf Kosten der Umsiedlungsbehörden — in Anführungsstrichen — ‚verpackt', und auch der Transport wurde übernommen. Dann weiß ich nur noch, daß wir uns eines Tages in den Hafenanlagen von Riga wiederfanden, und da kam es zu einem — für mich als Kind — dramatischen Ereignis. Wir hatten Kabinen auf einem wunderschönen KdF-Dampfer, den ich auch auf der Reeling sehen konnte, zugeteilt bekommen. Jedenfalls kam plötzlich mein Vater ganz aufgeregt und sagte: ‚Kinder, wir müssen mit einem anderen Schiff fahren.' Mein Vater war Arzt und offensichtlich der jüngste Arzt, der sich dort noch aufhielt. Gerade fertig zum Auslaufen lag ein kleiner Bananendampfer, der ärztlich nicht versorgt war, und die an Bord befindliche Krankenschwester weigerte sich, ohne ärztliche Begleitung auszulaufen. Also griff mein Vater mich und eine Aktentasche, sagte nur meiner Mutter: ‚Schaut, daß Ihr mir nach auf das Schiff kommt' und verschwand mit mir. Bei der Gelegenheit wurde unsere Familie auseinandergerissen. Eine meiner Großmütter fand in dem Taxi keinen Platz mehr, das uns in Windeseile zu dem Schiff fuhr, und kam schlichtweg abhanden. Wir haben sie erst sehr viel später in Stargard wieder getroffen.''

Auch Andreas von Weiss erinnert sich an die ebenso rasche wie präzise Abwicklung der Umsiedlungsaktion.

„Die Zeit von Mitte September bis Oktober 1939, als ich Reval an Bord eines Umsiedlungsschiffes verließ, erscheint mir in Erinnerung erfüllt von pausenloser, fast alle Gedanken in Anspruch nehmender Arbeit im und am Prozeß der Umsiedlung. Die deutsche Volksgruppe nahm die Organisation der Umsiedlung selbst in die Hand. Organisationsleitstellen und Informationsstände wurden flächendeckend eingerichtet. Sie arbeiteten meistens in Personalunion eng zusammen. Ich zum Beispiel leitete eine Untergliederung des Umsiedelungsbezirks Dorpat. Diese Stadt mit ihren 3.000 Deutschen, die nach der Volkstumsliste der deutschen Kulturselbstverwaltung erfaßt werden konnten, war eine der Zentren der Umsiedlung. Während der Aktion hatte ich nie den Eindruck, die Sache könnte organisatorisch mißlingen. Wir konnten jederzeit unsere Leute aufrufen, unterrichten, beraten, wenn nötig, umdirigieren und reisefertig nach Reval bringen. Meine Umsiedlungsschiffreise dauerte vier Tage. Ich habe sie als ein geselliges Unternehmen mit viel Abwechslung, sogar mit Amüsement in Erinnerung. Andere mögen das sicherlich ernster erlebt haben, besonders Familien mit Kindern, die ganz aus ihrem bisherigen Lebensbereich herausgerissen wurden."

„Die meisten Umsiedler", entsinnt sich auch Erich von Noltein, „die meisten Umsiedler wurden auf KdF-Schiffen transportiert. Einige wenige wurden auch mit der Bahn befördert oder durften selbst auf eigene Kosten die Reise antreten. Das waren aber Ausnahmen. Die Schiffe gingen von Riga aus, von Windau aus und von Libau aus. Die kleinen Volksgruppenteile, die in der Provinz ansässig waren, wurden mit der Bahn oder mit Omnibussen in die Hafenstädte gebracht, dort in ehemaligen Schulgebäuden oder anderen Lagern untergebracht und später dann auf die Schiffe transportiert. Ich persönlich erinnere mich genau daran, daß beim Auslaufen aus dem Hafen erst die lettische Staatshymne gespielt wurde und anschließend das Deutschlandlied, nachdem die lettischen Beamten in äußerst korrekter Weise die Abfertigung vorgenommen hatten."

Allzubald aber spürten die Deutschen aus dem Baltikum, was auf sie zukam und welch ein hinterhältiges Spiel mit ihren Empfindungen und ihren — wie bei allen Auslandsdeutschen — starken Bindungen zu Deutschland getrieben worden war. Alexander Wencelides stellt dazu fest:

„Es kam, als wir nach Deutschland kamen, eine sehr starke Ernüchterung und eine große Enttäuschung. Wir hatten es uns doch ganz anders vorgestellt, und vor allen Dingen unsere Lebensumstände, unsere Lebensgewohnheiten und die andere Mentalität der dort Wohnenden hat uns am Anfang sehr vor den Kopf gestoßen und ernüchtert."

Nicht wenige Deutsche unternahmen, bevor sie ihre Heimat verließen, in der nach einem Dichterwort „der Himmel so hoch ist, wie nirgends sonst auf der Erde", eine Art Abschiedsreise zu den Stätten, die sich mit ihrem Leben verbanden. Auch Erich von Noltein unternahm eine solche Reise zu den Stätten seiner Jugend.

„Für mich persönlich ging zunächst mit der Umsiedlung die Welt unter. Aber gerade deshalb hatte ich zuvor alle Orte des Landes aufgesucht, die mir etwas bedeutet hatten. Ich besuchte Libau, Libau war meine Geburtsstadt. Ich besuchte Rauen, in Rauen verbrachte ich meine Schulferien, und ich besuchte alle anderen Orte, mit denen Erinnerungen zusammenhängen. Diese Reise half mir, über die Trennung hinwegzukommen. Denn damit verband ich auch die Hoffnung, die Heimat wiederzusehen, was auch eingetroffen ist."

Die Deutschen aus dem Baltikum verließen 1939 einen Winkel an der Ostsee, in dem sie wie in einem vorausgeahnten Klein-Europa gemeinsam mit Letten und Esten, mit Russen und Polen, mit Schweden und Finnen, mit Dänen und Engländern gelebt hatten. Sie verließen, wie Siegfried von Vegesack es ausdrückte, „ein stilles Land mit schweigendem Entsagen" — die Heimat, weiter nichts. Es entbehrte auch nicht einer gewissen Melancholie, daß der letzte deutsche Gottesdienst in Riga nach der Abreise der meisten Pastoren ausgerechnet in der großen Kirchofskapelle stattfand.

Nur wenige Monate später mußte eine andere deutsche Volksgruppe — viele hundert Kilometer von Riga und Reval entfernt — „heimwehkrank", wie die Dichterin Gertrud von den Brincken schrieb, ihre Heimat in der Bukowina verlassen. Der Name „Bukowina" kommt aus dem Ukrainischen und bedeutet in deutscher Übersetzung soviel wie „Buchenland". Die zweisprachige Bezeichnung verrät aber auch, daß dieser Winkel Alt-Europas am Hang der Waldkarpaten so etwas wie eine kleine heile Vielvölkerwelt war. In der Bukowina lebten Ukrainer und Rumänen, Juden und Polen, Ungarn und Armenier und auch viele Deutsche gutnachbarlich beieinander und miteinander. Die Deutschen kamen vorwiegend nach den Türkenkriegen, also nach 1775 in das Land um Czernowitz und trugen entscheidend am Aufbau des neuen östlichen Kronlandes der österreichisch-ungarischen Doppelmonarchie bei.

1940 aber wurde dieser über viele Generationen hinweg praktizierte Versuch einer europäischen Nachbarschaft jäh unterbro-
chen. Die Sowjetunion forderte von Rumänien die Abtretung
der Nordbukowina mit der Hauptstadt Czernowitz. Für die
deutsche Minderheit war damit das Ende einer bereits zur erlebten Geschichte gewordenen Siedlungstätigkeit und auch einer
weit über viele Nationalitätenschranken hinauswirkenden kulturellen Begegnungsbereitschaft gekommen. Die in der Bukowina
beheimateten Deutschen mußten, wie es in einem zeitgenössi-
schen Bericht heißt, „den Mut zum Unwiderruflichen" aufbrin-
gen, auch wenn der entscheidende Artikel des Umsiedlungsver-
trages, den das Deutsche Reich am 22. Oktober 1940 mit dem
Königreich Rumänien schloß — nominell — eine andere Deu-
tung zuließ. Es hieß darin wörtlich:

„Der Wille zur Umsiedlung kann mündlich oder schrift-
lich bekundet werden. Die Umsiedlung ist freiwillig. Es
kann daher kein unmittelbarer Zwang ausgeübt werden."

Die Möglichkeit der freiwilligen Umsiedlung wurde von der
Mehrzahl der deutschstämmigen Bevölkerung genutzt. Schon einen Monat später — im November 1940 — rollten die ersten Züge mit den Umsiedlungswilligen in Richtung Westen. Paula Tie-
fenthaler, damals zweiundzwanzig und Studentin der Germani-
stik und Geschichte an der Universität Bukarest, war dabei. Sie
schildert, was sie empfand, als sie in ihrer Heimatstadt Suceava
den Zug bestieg, der sie — wie es damals hieß — „heim ins
Reich" brachte.

„Was mich am meisten bewegt hat, und wo ich Angst
hatte, mich umzusehen, war die Stadt, in der ich aufgewachsen war, und waren die Menschen, mit denen ich
Verbindung hatte, und die zu meinem Leben gehörten,
unsere Nachbarn. Vielleicht entfliehen für den Moment, aber im Herzen das bewahren, dachte ich mir.
Und ich hab' nur einmal mich umgesehen, wie ich weg
bin. Meine Heimatstadt ist Suceava, und die lag auf
der Anhöhe, und zum Zug mußte man also ins Tal fahren, über die Suceava, über den Fluß. An dieser Stelle
habe ich mich umgesehen. Es war schlimm. Ich hatte
das Gefühl, ich werd' es nie wiedersehen. Und ich

hab's nie wiedergesehen. Wir sind weg mit einem lachenden und einem weinenden Auge. Die Heimat zu verlassen, war nicht einfach, und dennoch haben wir uns gefreut, daß wir — zumindest ich hab mich gefreut —, daß ich irgendwie etwas Neuem entgegengeh'."

Unter den jüngeren Deutschen herrschte damals eine Art Aufbruchstimmung. Viele sahen für die deutsche Volksgruppe menschlich und auch beruflich keine Zukunft. Andere freilich hatten Zweifel. Zu ihnen gehört Franz Frank, ein Deutscher aus der Bukowina, der sich damals in Siebenbürgen eine Existenz geschaffen hatte.

„Ich bin in Mediasch zu Hause gewesen, hab' eine Mediascherin zur Frau und stand jetzt vor der Entscheidung: Soll ich umsiedeln, soll ich nach Deutschland, oder soll ich in Siebenbürgen bleiben? Ich bin da finanziell gut situiert gewesen, für die damalige Zeit, und dachte manchmal, ob das nicht leichtsinnig ist, dies alles stehen- und liegenzulassen und wegzugehen."

In der von der Sowjetunion besetzten Nordbukowina mußten die umsiedlungsbereiten Deutschen in der Tat alles stehen und liegen lassen. Nur mit einem Handgepäck von maximal 50 Kilogramm wurde ihnen die Aussiedlung ins „Reich" gestattet. Für viele konnte die Umsiedlungskommission gar nicht schnell genug arbeiten.

In der Südbukowina wieder spürten meist junge Menschen zum ersten Male, daß sie einer allenfalls bedingt tolerierten Minderheit angehörten. In den Schulen durfte nur noch rumänisch gesprochen werden und, was weit schwerer wog, die meisten beruflichen Positionen blieben den Deutschen verwehrt. Nicht zufällig bildete daher das Nationalitätenproblem das eigentlich auslösende Moment für die Entscheidung der Deutschen, ihre Heimat zu verlasssen. Dieser Eindruck setzte sich aber keineswegs nur in der bei Rumänien verbliebenen Südbukowina, sondern auch in der von den Sowjets besetzten Nordbukowina durch. Dennoch empfanden — politische Groteske am Rande — nicht wenige Deutsche die Sowjets nahezu als Ordnungsmacht. Max Zelgin, damals 29 Jahre alt, berichtet:

„Auf alle Fälle kann man sagen, daß man froh war, aber das war nur vielleicht 24 oder 48 Stunden, bevor die Russen nach Czernowitz gekommen sind, denn unmittelbar vorher begannen die rumänischen Behörden abzuziehen und zum Teil auch Militär abzuziehen. Es ist lediglich zurückgeblieben, ich glaub', eine Marine-Einheit oder sonst was. Und, da haben wir jetzt gesehen die Unterwelt der Roten Binden auf der Straße. Mit Gewehren auf der Straße haben sich vors Deutsche Haus hingestellt mit roter Binde. ,Was wollt ihr da drinnen'. So daß man sich nicht sicher gefüllt hat. Und wie die Russen dann kamen, einen Tag später, da haben sie Ordnung geschaffen. Wir hatten bei dieser Umsiedlungskommission einen Kommissar im Range eines Oberleutnants, Koropkow hieß der. Das war sonst ein ganz zugänglicher Bursche, mit dem wir einen gehoben haben, mit dem wir auch Schach gespielt haben. Und der hat uns auf den Bahnhof begleitet. Als ich eingestiegen bin, sagte mir dieser Koropkow: ,Warum siedelt Ihr um? Wir kommen Euch doch nach. Damals lautete das geflügelte Wort der Russen: ,Auf Wiedersehen in Berlin!'"

Bevor sich aber diese düstere Prophezeihung nur fünf Jahre später erfüllte, mußten die Umsiedler Abschied von ihrer und ihrer Väter Heimat nehmen.

„Man versprach, sich zu schreiben. Wir sind auseinandergegangen mit unseren Freunden, also ich zumindest mit meinen Freunden und Bekannten, und hab' gesagt, aber wir sind ja nicht aus der Welt. Wir haben alle ein wenig geweint, das ist ganz klar. Aber ich hab irgendwie versucht, mich mit diesen Tatsachen abzufinden, ich muß ehrlich sagen, ich hab' mir überhaupt nicht überlegt, daß ich in ein Land geh', wo Krieg ist. Ich hab den ersten Weltkrieg ja nicht erlebt. Ich bin erst nach dem ersten Weltkrieg geboren und hab das eigentlich immer nur gehört. Mir war aus den Litaneien in der Kirche ein Wort in Erinnerung: ,Vor Hungersnot und Krieg und Feuersbrunst errette uns, o Herr.' Und ich fand das etwas Schreckliches. Krieg muß etwas Fürchterliches sein.

Ich erinnere mich gut. Wir waren drei Tage unterwegs,

überall an den größeren Bahnhöfen, durch Budapest sind wir gekommen, das war es nachts. Und an den größeren Bahnhöfen, da standen Soldaten, ungarische Soldaten, die uns dann irgendwie auf der Zieharmonika einen Csardas vorgespielt haben. Dann ging's weiter. Und ich erinnere mich an die Betreuung im Zug. Wir bekamen dann immer wieder diesen Kräutertee zum Trinken. Es gab eigentlich nichts anderes als Kräutertee. Essen hatten wir alle mitgenommen, denn man hatte uns gesagt, daß die Fahrt etwa drei Tage dauern würde."

Über 95.000 Umsiedler kamen innerhalb von drei Monaten nach Deutschland. Sie kamen mit unterschiedlichen Empfindungen und empfingen — ebenso — auch ganz unterschiedlich Eindrücke bei ihrer Ankunft.

„Selbstverständlich, es waren bestimmte Mängel vorhanden, dann hat man gesagt: ,Naja, es ist Krieg, was sollst da anders machen.' Und insofern ging es mir persönlich — sagen wir — etwas besser als den andern, weil ich aus dem Lager bald herausgeholt wurde und in den Ansiedlungsstab kam."

Es gibt aber auch erschreckende Eindrücke, die bei der ersten Begegnung entstanden.

„Die Leute waren irgendwie abweisend gegen uns, ja. Warum? Keine Ahnung. Die hatten sich uns eben etwas anders vorgestellt, daß wir da herkommen mit — was weiß ich — mit so einer Mütze, und daß wir nicht Deutsch können."

Meist aber waren die ersten Eindrücke erfreulich.

„Es war für uns insoweit, für mich nicht die Fremde, weil ich das Gefühl hatte, ich komm' unter Menschen, die alle meine Sprache sprechen, die zu mir gehören und zu denen ich gehöre, weil wir sprachlich verbunden sind. Ich hatte auch das Gefühl, ich kann ihnen alles sagen, werd' denen alles erzählen können. Sie werden mich verstehen, und sie werden mich so aufnehmen. Und im Grunde war es ja auch so. Die Leute in Thüringen waren wohl zunächst erstaunt, daß wir alle deutsch sprachen. Sie haben uns in den Geschäften und wo wir uns dann mit den Leuten getroffen haben, gesagt: Was, Sie sprechen ja so phantastisch deutsch? Und überhaupt ohne Akzent. Und Sie verstehen alles, was ich sage!' Da habe ich öfters 'mal gesagt: ,Ja, wenn Sie deutsch sprechen schon, aber wenn Sie thüringisch sprechen, geht's etwas schwieriger.''

Diese Deutschen bildeten aber nur die Vorhut. Der letzte Exodus der Deutschen aus der Bukowina setzte drei Jahre später, 1944, ein. Rund 7.000 Deutsche flohen damals vor der heranrückenden Front über Siebenbürgen nach Österreich und Deutschland. Die deutsche Sprachinsel in der Bukowina hörte damit auf zu bestehen. Geschichtlich unverständlich, politisch aber wohl nur folgerichtig, löschten die Rumänen auch den Namen Bukowina aus. Sie nennen seither die im Ring ihres Staatsverbandes verbliebene Südbukowina ,,Tara de sus'', was soviel bedeutet wie ,,Nördliche Moldau''. Jenseits der rumänisch-sowjetischen Grenze jedoch besteht der historische Begriff weiter. Die Sowjets bezeichnen das Land um Czernowitz als ,,Kreis Bukowina''. In diesem ,,Kreis Bukowina'' ist allerdings die von Ukrainern und Rumänen, von Polen und Ungarn, von Juden, Armeniern und Deutschen gepflegte kleineuropäische Begegnungsbereitschaft längst verloren gegangen.

Der Leidensweg der Rußlanddeutschen

Annelies Ginter

Die Geschichte der Rußlanddeutschen ist wechselvoll und dornenreich. Doch soviel dieses ,,Volk auf dem Weg'' während seiner zweihundert Jahre andauernden Wanderschaft auch an Bitterem und an Enttäuschungen erlebt haben mag — über die Ereignisse des Kriegsjahres 1941 zu sprechen, fällt vielen Rußlanddeutschen immer noch schwer. Einige Äußerungen bezeugen das auf eindringliche Weise.

,,Die schlimmste Erfahrung war für uns, wo wir nach Sibirien gebracht wurden. Von zu Hause, vom Hof, von wo wir geboren — wir haben keine andere Heimat gehabt und nicht gewußt, obwohl wir von jeher nicht sehr reich gewesen sind, und dann in dem kalten Sibirien, nackt und bloß.''

,,Wir, die Familie, die von den Kindern nicht wegwollte, die haben sie dann mitsamt den Kindern und allem zusammengeräumt und nach dem Norden gebracht. Da war meine Familie selbst auch dabei mit fünf Kindern und der Mutter. Die sind gekommen nach dem Norden, nach dem nördlichen Asmaran in der Nähe vom Polarkreis. Dort sind sie am Fluß Jenissei alle ausgeladen worden. Es gab kein Obdach, nur Erdhütten. Meine Mutter hat erzählt, am Morgen, wenn sie aufgestanden sind, da war die Decke verschneit und da stand hier jemand nicht auf, dort stand jemand nicht auf. Da liefen sie herbei und haben die Decke gehoben — und da war der Mensch tot.''

,,Am meisten hat mich beeindruckt, daß man 1941 meinen Bruder genommen hat. Er hatte eben die Universität fertiggemacht, war 23 Jahre alt, und der wurde so

wie eine ganze Reihe anderer Studenten in Haft genommen und verschickt. Ich hab' nie wieder was von ihm gehört. Im Jahr 1943 habe ich dann durch Bekannte zufällig erfahren, daß er an Hunger gestorben ist."
„Der lange Winter, die furchtbare Kälte. Man muß leben, man schickt sich rein in das, daß man leben muß. Wo der Krieg aufhörte, für uns war ja der Krieg nicht zu Ende. Für uns ging ja der Krieg weiter. Aber wir mußten uns reinschicken. Wo wir endlich wußten, daß wir von hier nicht mehr fortdürfen, da hat man sich reingeschickt in das."

Wie kamen die Deutschen überhaupt nach Rußland? Vereinzelt gab es schon immer in den größeren Städten Deutsche, die als Handwerker, Kaufleute oder Künstler dort lebten. Die Mehrzahl aber kam, von der Zarin Katharina der Großen gerufen, um 1763 als „Kolonisten" — wie sie später genannt wurden — nach Rußland, um das „brachliegende Land urbar zu machen und neue landwirtschaftliche Methoden einzuführen." In Zeiten wirtschaftlicher Not, religiöser und politischer Unsicherheit in der alten Heimat wurde ihnen in Rußland ein freies Leben, wurden ihnen nahezu unbegrenzte Landkaufmöglichkeiten und Selbstverwaltung ebenso versprochen wie religiöse Freiheit und — wie es in den Anwerbungen wörtlich hieß — „Befreiung vom Militärdienst auf ewige Zeiten". Zu den stärksten Einwanderungen kam es unter Zar Alexander I. zwischen 1804 und 1817, also während der napoleonischen Zeit.

Mit großen Hoffnungen zogen Deutsche aus Baden, Württemberg, Hessen, Friesland, der Pfalz und dem bayerischen Schwaben an die Wolga, das Schwarze Meer und bis in den Kaukasus. Sie gewöhnten sich an ein anderes Klima und auch an vollkommen andere Arbeitsweisen in den weiten, baumlosen Steppen Rußlands. Durch harte Arbeit brachten sie es zu bäuerlichem Wohlstand und bauten Getreide, Obst und Wein an. Für den Erlös wurden bessere Häuser gebaut, landwirtschaftliche Maschinen oder neues Land gekauft. So entwickelte sich auch ein vielfältiges kirchliches und kulturelles Leben, und fast jedes Dorf besaß eigene deutsche Schulen, Kirchen oder Bethäuser.

Im letzten Drittel des 19. Jahrhunderts wurden die vom Zar versprochenen Privilegien allerdings nach und nach wieder abgebaut. Der Landkauf wurde erschwert, und die Befreiung vom Militärdienst aufgehoben. Dennoch behauptete sich das Rußlanddeutschtum — auch während der schweren Jahre des Ersten Weltkriegs, der Revolution und der Kollektivierung unter Stalin. Doch der Angriff der Deutschen Wehrmacht auf die Sowjetunion im Zweiten Weltkrieg versetzte der deutschen Minderheit als geschlossene Volksgruppe den Todesstoß. 1941 wurde die gesamte deutsche Bevölkerung aus Stadt und Land nach Sibirien und Mittelasien deportiert. Nach Schätzungen der Rußlanddeutschen Landsmannschaft fanden dabei mehr als 400.000 Männer, Frauen und Kinder den Tod. Über Leid, Hunger und Entwürdigungen können nur diejenigen berichten, die das selbst mitgemacht haben. Wie war ein Überleben überhaupt möglich?

Eine Rußlanddeutsche sagt dazu schlicht:

„Der Lebens- und Leidensweg von Generationen Deutscher in Rußland ist ohne deren Deutschtum gar nicht denkbar. Gleich nach der Sehnsucht der Christen nach dem Paradies steht die Vorstellung vom Heimatland Deutschland."

Dieses Selbstvertrauen beruhte auf der Liebe zum Deutschtum und einem ausgeprägten christlichen Glauben, ganz gleich, ob die in Rußland ansässigen Deutschen nun katholisch, evangelisch oder Angehörige der aus dem Norden ausgewanderten Mennoniten waren. Am meisten litten freilich die Frauen, denen fast übermenschliche Stärke abgefordert wurde:

„Wenn wir unseren starken Glauben nicht gehabt hätten damals in der Kriegszeit, wären wir natürlich zugrunde gegangen. Was das für ein Glaube war? Es war ein einfacher Glaube. Wir konnten weder in einer Bibel lesen noch in einem Gesangbuch, weil es ja keine gab; es gab keine Bücher. Aber der einfache Glaube, den gab es. Ich glaube, der ist bei Gott besser angekommen, wie wenn ein Gelehrter aus der Bibel spricht oder ein Pfarrer: Und es waren ja nur Frauen und Kinder, die sind mit ihrem einfachen Glauben durchgekommen und am Leben geblieben."

Als erste wurden die 45.000 Krimdeutschen innerhalb kürzester Zeit nach Zentralasien ausgesiedelt. Ihnen folgten die Deutschen aus dem Wolgagebiet. Sie alle wurden der „aktiven Unterstützung der faschistischen Aggressoren'' beschuldigt. Aber auch die Deutschen aus Wolhynien und Bessarabien, die vor 1941 nach Polen oder Deutschland umgesiedelt wurden, entgingen ihrem Schicksal nicht. Unzählige wurden von den vorrückenden sowjetischen Truppen aufgegriffen und zurückgebracht, allerdings nicht — wie man ihnen versprochen hatte — wieder in die alten Heimatorte, sondern ebenfalls in die unendlichen Weiten hinter dem Ural. Ein Überlebender dieser Deportation erinnert sich:

„Kasachstan ist doch groß. Das sind Gegenden, wo es sehr heiß ist und Gegenden, wo es furchtbar kalt ist. Gerade in der Gegend, wo wir waren, da war im Sommer so viel Staub, daß man die Augen nicht hat aufmachen können und im Winter, wenn es gestürmt hat, dann haben Sie von hier aus bis dort'nüber in das Haus, haben Sie nicht gesehen, daß dort ein Haus steht. Es waren Fälle, wenn der Brunnen weg war, von da bis da, wo die Maschine steht, da sind nicht Wasserleitungen wie hier überall, da waren Brunnen, da haben sie Stricke gezogen und sind am Strick hingelaufen nach dem Wasser, wenn grad' so ein Sturm war. Wo wir waren, in der Taiga, da sank das Thermometer bis 62. Bei 42 Grad Kälte mußten wir noch im Wald arbeiten.''

Besonders schwer war der Klimawechsel für die aus Württemberg in den Kaukasus gezogenen Schwaben.

„Ich stamme aus dem Dorf Katharinenfeld im Kaukasus, aus einer warmen Gegend. Die Bekanntmachung der Aussiedlung war in Oktober; da war es bei uns noch schön warm. Die Weinlese war eben zu Ende, und dann ging es los. Einen Monat waren wir unterwegs über Baku, von dort ging es mit dem Schiff übers Kaspische Meer, und weiter im Zug durch ganz Mittelasien, durch ein sehr heißes Land. Es war heiß, im Zug war es schwül, heiß. Dann ging es aber weiter nach Nord-Kasachstan, und bis wir da ankamen, das war am 18. November, da war richtiger Winter: Frost, Schnee. Und das war für uns Kaukasier ganz schlimm, weil wir mit den Kleidern nicht eingerichtet waren, auch nicht mit dem Schuhzeug. Als wir dann also ausgeladen wurden am Irtysch, da kam man mit Wagen, Pferdewagen oder Ochsenwagen, und so wurden die ganzen Leute in die verschiedenen Kolchosen in dem großen Gebiet verteilt. Wir kamen 300 km von der Station weg. 300 km mußten wir also mit dem Pferdewagen fahren. Es war sehr kalt. Obwohl wir kein festes Schuhzeug hatten, sind wir oft 'runtergegangen vom Wagen, um uns warmzulaufen. Die alten Leute und die Kinder wurden 'reingebettet in Federbetten oder was wir da hatten auf dem Wagen, und die, welche laufen konnten, die sind hergelaufen."

Die meisten Männer waren zu dieser Zeit längst von ihren Familien getrennt und mußten Zwangsarbeit in Kohlengruben und Bergwerken leisten. Meist hörten die Angehörigen nie wieder etwas von ihnen. Frauen, die kleine Kinder hatten, arbeiteten in den Kolchosen. Kinderlose und unverheiratete Frauen und Mäd-

Verzweifelt und getrieben von Angst, wird eine Furt durchquert

chen wurden ebenfalls „abgeholt" und in Arbeitslager gesteckt. Eine Frau berichtet:

„Ich kam in ein Lager, umzäunt von Stacheldraht. Fingerabdruck zunächst und alles, was dazu gehört. Schwere Arbeit! Jeden Abend kam man nach Hause, hat man erzählt, und hat auch erzählt, wen man wieder herausgeführt hat: Und die Frauen sind so auch zusammen gestorben. Unsere Nachbarn sagen: Heute haben wir diese und jene wieder hinausgeführt. Es wurde verlangt, die Toten zu beerdigen; aber beerdigen konnten wir sie nicht. Sie haben sie einfach mit dem Schnee zugedeckt. Na ja, das war nicht weit zum Wald; und später hat man gedacht, die Wölfe haben die Toten dann fortgeschleppt."

Deutsche, die in Dörfern der Ukraine beheimatet waren, hatten — weil die Front dort schon sehr nahe war — gelegentlich sogar die Hoffnung, von den deutschen Truppen „befreit" zu werden.

„Wir wurden am 5. abtransportiert, weil der Deutsche schon nah war. Man hat ihn schon fast gehört, kann man sagen, und dann waren wir einen ganzen Monat unterwegs, bis Sibirien. Am Tag fuhren wir vorwärts, nachts wurde der Zug zurückgeschickt wieder, mußte zurück wegen der Front. Man sah das Licht am Himmel und hörte das Schießen. 29 Tage waren wir unterwegs. Wir durften nur 50 kg mitnehmen auf den Weg, für die Familie, für die ganze Familie. Da hat man halt Fleischküchle, wie man es nennt, und Brot mitgenommen und etwas Kleider. Das war alles. 50 kg war ja nicht viel. Unsere Väter waren ja schon fort, im Juli wurden die Väter und die Brüder, sogar Fünfzehnjährige, die hat man schon abtransportiert. Aber man hat uns getröstet, wenn man gefragt hat, „wo kommen wir dann hin," da hat man gesagt. „Sie kommen zu Ihren Vätern!" Die waren alle nach Swerdlowsk abtransportiert, und wir kamen natürlich nach Sibirien."

Dort aber mußten die Frauen schwere Männerarbeit in der Landwirtschaft verrichten.

„Da lag das bißchen Frucht, das da war. Sie lag im Hauf' zusammengetragen, und die Frucht war alle nicht gedroschen. Das mußten wir Mädchen dann mit einer Dreschmaschine, die wir selber weiterschleppen mußten in den Schnee. Wir trugen dann die Frucht zusammen, soweit wir konnten oder schleppten. Aber, was heißt tragen. Es gab nicht viel, was gab's da schon Frucht, die war erstens überreift, zweitens war sehr schlechte Ernte damals gewesen in Sibirien, und drittens haben wir immer einen Wächter, einen Kosaken, bei uns gehabt, der wollte uns nicht einmal das Essen der Frucht erlauben. Auch das sollten wir nicht.''

Die Frauen ackerten mit Ochs und Kühen, streuten die Saat mit Händen aus, mähten und banden das Getreide in Garben und schleppten schwere Säcke. Sie ernährten sich von den Weizenkörnern, die sie offiziell ,,zugeteilt'' bekamen. Aber auch die ,,Frucht'', die den Deportierten zustand, bekamen sie nicht ohne Gegenleistung an den Aufseher. Auch die Art, wie das wenige Getreide von den Frauen gemahlen wurde, hört sich abenteuerlich an.

,,Der sagte dann: ,Ja, du bekommst Frucht, wenn du mir einen Anzug bringst oder eine Decke bringst oder die vom Kaukasus, die haben Teppiche mitgehabt, wenn ihr einen Teppich mitbringt, dann bekommt Ihr Frucht.' Und wenn er die Sache erst hatte, dann bekamen wir vielleicht 5 Kilogramm, 10 Kilogramm Frucht, aber das war nur Hühnerfutter.
Aus Blech, aus einem Eimer, haben wir uns eine Mühle gemacht. Die wurde mit Nägeln Loch an Loch durchgeschlagen, auf einen Pfosten genagelt, und da wurde ein Oberes ebenso gemacht. Da hat man dann die Frucht reingeschüttet und hat das gedreht mit irgendetwas. Die Kosaken, die wo dort wohnten, die haben von jeher aus Stein eine Mühle, die sie mit der Hand drehten. Dort durften wir uns ein bißchen Frucht mahlen, und da mußten wir von den paar Kilogramm noch etwas abgeben, dafür, daß wir es mahlen dürfen.''

Sahen diese Frauen jemals ihre Männer, Väter oder Brüder wieder?

,,Aus meiner Generation kamen ja nicht viele zurück, aber von den Älteren kamen ein paar zurück. Die meisten Frauen, die sind dann auch geblieben, ohne Männer. Das waren ja dann die Dörfer voll mit jungen Frauen, 24, 26 Jahre. Jede hat ihre Kinder gehabt, aber nie ihren Mann wiedergesehen."

Über das Schicksal ihres Bruders berichtet eine Rußlanddeutsche:

„Ein Bruder kam zurück, der war 15 Jahre, wo er verschleppt wurde, und den hat man auf den Weg etwas für fünf Tage Produkte gegeben, Brot, Hering, etwas Zucker. Aber die waren so ausgehungert, Haut und Knochen, und viele haben das am ersten Tag aufgegessen, daß die meisten im Zug gestorben sind. Aber mein Bruder mit einem Freund, der hat einen sehr strengen Freund, und darum ist er vielleicht auch am Leben geblieben, der hat das Brot, das Essen von ihm genommen und hat ihm das eingeteilt. Aber damals ging ja in Sibirien kaum ein Zug. Wenn der ging, der ging von Station zu Station. Und es war ja nun von Swerdlowsk bis dorthin, wo wir wohnten, 1000 km. Nun sind die vielleicht zwei Monate gereist, die sind dann, wenn sie am Hungern waren, aus dem Zug gegangen, bettelten und haben etwas gearbeitet. Aber nach Hause kamen sie im größten Frost auf der Station, wo wir wohnten; und sie hatten auch wieder Glück, ein Kosake, ein alter Mann, der hat sie gesehen und hat sie gefragt, wo sie hinwollen. Da haben sie gesagt, sie wollen zu ihrer Mutter, und sie waren beide nur in einem Hemd, nur im Oberhemd. Das Letzte haben sie verkauft, und da waren sie beide nackt. Und mein anderer Bruder, der ist geflüchtet aus der Zwangsarmee mit seinem Freund. Der Freund wurde dann am zweiten Tag zurückgebracht, den hat man gleich gefangen, weil der sich Brot dort gebettelt hat auf einer Station, und mein Bruder ist bis heute verschwunden, entweder ist er umgebracht oder ist er vielleicht durch die Taiga, oder wie sie es nennen, zu Fuß, und dort sind ja die Tiere, die hungrigen, daß sie auffressen, oder er ist wo umgebracht worden. Er ist verschwunden."

An die Zeit der großen Hungersnot erinnert sich eine Krankenschwester, die in ein abgelegenes Dorf gerufen wurde.

„Erst am Abend, vor vier, fünf Uhr, im März ziemlich früh wird es schon dunkel, sah ich zwei, drei Kilometer vor dem Dorf auf dem Feld, im Schnee, schwarze Flecken mit der Erde, da sah ich einige Personen, Kinder mehr. Sie gingen mit Taschen und sammelten Weizen, das war Ernte, die unter dem Schnee überwintert hat. Nun, ich habe nicht gedacht, daß das so gefährlich ist, diese Ernte zur Speise zu benutzen. Am Ende des Dorfes haben sich die Deutschen, die umgesiedelt wurden, kleine Häuschen gebaut. Aber das waren keine Häuschen, das waren solche mit flachem Dach, Ställe haben sie sich gebaut, und dort wohnten sie, drei, vier Familien in einem solchen Häuschen.

Ich hab' vieles gesehen, aber das war wirklich schrecklich. Auf dem Boden lagen vier, fünf Kinder, im Fieber schrien sie, die Älteren, eine ältere, alte Frau, die war noch auf den Füßen, die hat besorgt Wasser, kalte Kompressen auf den Kopf gemacht, zu den Füßen heiße Flaschen gelegt, und die Not war so groß, es waren gar keine Möbel, gar nichts. Die lagen alle auf dem Boden und waren nur 48 Stunden krank. Die ganzen Familien 48, 12 Stunden, 24 stundenlang, nicht wochenlang. Auf dem Herd stand eine Pfanne, und in der Pfanne lag Weizen, gesammelter Weizen, und geröstet. Beinahe alle sind gestorben. 90 Prozent von diesen Kranken sind gestorben. Niemand wußte, was das ist. Das könnte Vergiftung sein von diesem Weizen. Später hat sich herausgestellt, daß das auch wirklich so war. Dieser Weizen bekam unter dem Schnee Pilze, und die Pilze, das war reines Gift. Und man konnte nicht dieses Gift zerstören beim Kochen, nicht beim Braten. Und so haben sich mehrere Familien vergiftet."

Einer ganz trügerischen Hoffnung erlag auch ein Wolgadeutscher — einer von vielen. Er war noch sehr jung, als der Befehl zum Abtransport der gesamten Bevölkerung seines Heimatdorfes eintraf.

„Unter den Menschen war jetzt so ein unbestimmtes Gefühl, — meine Großmutter persönlich, die hat das ausgesprochen unterwegs bei der Überfahrt nach Sibirien. Sie sagte: ‚Das eine Gute ist an der Sache dran, daß jetzt wieder alle gleich sind.' Unter der wolgadeutschen Bevölkerung war die Hoffnung, weil man uns alle auf einmal so zusammengeräumt hat, daß da ein Plan drin steckt, daß wir sollen nach Deutschland kommen. Aber weil nach Westen nichts zu machen ist, weil die Front zu stark ist, deswegen fährt man uns untenrum nach dem Osten und Süden, über China vielleicht, daß wir nach Deutschland kommen."

Erst nach einem fast dreiwöchigen Transport in Viehwaggons spürten diese Wolgadeutschen, daß sie getäuscht worden waren.

„Den Zug haben sie angehalten, haben drei, vier Waggons abgehängt, die anderen sind weitergegangen. Und so ging es an allen kleinen Stationen. Alle aus dem Zug sind auseinandergerissen worden. Jetzt haben sie Pferde hingeschickt und haben gesagt: ‚Eine Familie kommt in das Dörfchen. Jetzt eine Familie.' Da will kein Mensch weg, war eine Familie ganz allein."

Die deutschen Familien der einzelnen Dörfer wurden systematisch voneinander getrennt. Die Betroffenen suchten sich diese Maßnahmen zu erklären.

„Arbeitskräfte waren keine mehr in Sibirien, da war alles an der Front. Und deswegen muß doch jedes Dorf etwas haben. Und dann war es so, daß durch das, daß sie die Deutschen so auseinandergerissen haben, haben sie den Vorteil gehabt noch, daß sie in der Wirtschaft erstens einmal Arbeitskräfte hatten und zweitens den Ansporn, die Deutschen sind fähig, fleißig, und das haben sie dabei noch gewonnen."

Dann wurde auch dieser Mann — wie alle Männer — in die „Trudarmija" zur Zwangsarbeit geholt. Dort arbeiteten sie unter menschenunwürdigen Bedingungen und „starben massenweise vor Hunger, Kälte und Schwerstarbeit." Besonders demütigend empfanden die unbescholtenen Kolonistensöhne, daß man sie wie „Gefängnisbestrafte" behandelte.

„Die meisten sagen ‚Trudarmija,' das ist die Arbeiterarmee; so hat man uns auch einberufen. Und da haben sie uns hingestellt, und wir haben gewartet bis 12 Uhr in der Nacht, bis es dunkel war und bis es am Morgen wieder hell wurde. Dann haben wir erst gesehen, wo sie uns hingebracht haben. Wir waren hinter dem Zaun. Drei Meter hohe Bretterzäune, sieben Reihen Stacheldraht oben drauf und an jeder Ecke haben Wachtürme gestanden und innen am Draht haben Hunde gelegen. Wie mit Gefängnis bestraft. Den ersten Tag gleich am Abend haben wir einen jungen Schreiner, der fast zwei Meter hoch war, den haben wir schon am ersten Tag, am Abend, an den Armen nach Hause geführt, der konnte nicht mehr laufen. Und gleich, wie das angefangen hat, daß die Menschen gefallen sind und konnten nicht mehr laufen vor Hunger, da haben sie uns Direktive bekanntgegeben, daß 16 Mann erschossen wurden wegen Absage von der Arbeit. Das war für mich in der Zeit einer der erschütterndsten Momente, den ich überhaupt erlebt hab'.''

Als sich 1943 eine ,,Wende'' an der deutsch-russischen Front abzeichnete, bekamen die Gefangenen das besonders zu spüren.

,,Die haben gedacht, jetzt kann es sein, daß Rußland gewinnt, da hat sich die russische Bevölkerung kurzum gegen uns gestellt. Von da an da war es dann nicht mehr auszuhalten. Da sind dann Frontsoldaten schon in die Lager gekommen, die haben mit uns Deutsche gemacht, was nicht menschlich mehr war — mit Füßen getreten, mit Flintenschaften geschlagen.''

Und eine Frau erinnert sich:

,,Viele Russen, die hatten an der Front ihre Söhne verloren und Väter. Die wurden nachher doch hassig; der ganze Verlust, der wurde uns ja vorgeschmissen. Was mit den Russen alles geschehen war, das warf man uns vor. Wer von der Front zurückkam, den durftest Du gar nicht ansprechen. Alles wurde immer in Deiner Gegenwart erzählt. Und ich sag ja, die ganze schwere Arbeit mußten doch wir machen. Wer war geblieben? Die Männer waren doch in der Trudarmija. Nur die Frauen mit den Kindern mußten schuften. Da sind sie auch kippenweis', wie man sagt, verhungert.''

Als der Krieg 1945 schließlich zu Ende ging, klang das durch die Auseinandersetzungen heraufbeschworene Leid der Rußlanddeutschen noch lange nicht ab. Eine ehemalige Lehrerin berichtet:

„Ganz besondes ist das Jahr 1947 zu erwähnen, als der Krieg schon längst zu Ende war. Ich habe selber die ganze Zeit in der Kriegszeit bis dahin als Deutschlehrerin gearbeitet. 1947 mußte ich aus der Schule gehen. Ich kam nach Nowosibirsk; und alle Deutschen durften in der Schule nicht mehr als Lehrer arbeiten."

Auch das kirchliche Leben erlosch in diesen Jahren gänzlich. Ein evangelischer Pastor, der überlebte und aussiedeln konnte, stellt dazu fest:

„In den Dörfern waren zu dieser Zeit schon die meisten Kirchen, vielleicht auch alle schon geschlossen. Als der Krieg zu Ende war, im Jahre 1950, war ich dort Apotheker im Lager, und da wurde ich heruntergenommen, entlassen, weil ich fünf Jahre gesessen hatte, also als Verbrecher betrachtet wurde. Und da siedelte ich um in ein kleines Städtchen, das war im Ural und lag an der Eisenbahn. Da habe ich dann angefangen am Weihnachtsabend Gottesdienst zu halten. Aber das war im geheimen, von Haus zu Haus."

Auch wenn die „Ghettos" Mitte der fünfziger Jahre aufgelöst wurden, durften die Deutschen nicht wieder in die Gegenden zurückkehren, aus denen sie deportiert worden waren. Generell wurde auch eine „materielle Wiedergutmachung" ein für allemal ausgeschlossen. Nach einiger Zeit aber begann sich das Leben für die aus ihren Siedlungsgebieten vertriebenen Rußlanddeutschen doch ein wenig zu normalisieren.

„Erträglicher war es nachher schon in den sechziger Jahren. Da hat man nicht mehr so zu hungern brauchen, weil man nachher mehr verdient hat. Da hat man sich nachher besser gekleidet und hat sich nachher eine Hütte angeschafft, ein Haus gebaut, und Schwein und Kuh konnte man sich nachher schon halten, und dann wurde das Leben erträglicher und man hat sich auch nachher angefangen zu wehren."

Dennoch dauerte es noch Jahre, bis viele von ihnen ausreisen durften zu Verwandten in die Bundesrepublik. Empfinden die leidgeprüften Rußlanddeutschen, denen so viel angetan wurde, nun Haß gegen das Volk, das ihnen dies Schicksal aufbürdete und zumutete?

Eine Rußlanddeutsche beantwortet diese heikle Frage mit dem menschlich verständnisvollen Hinweis:

„Wir dürfen die Russen nicht alle über einen Strang nehmen. Ich haß' die Russen nicht. Was ich hasse und gehaßt habe als junges Mädchen, das ist Kommunismus. Es gibt unter jedem Volk, wo es auch sein mag, mag es sein in Rußland, in Deutschland, im Kaukasus, der Ukraine oder wo es auch ist, es gibt überall gute Menschen und gibt schlechte Menschen."

Der Leidensweg der Deutschen in Jugoslawien

Gustl Huber

Das Deutschtum im Südosten Europas blickt auf eine lange und bewegte Geschichte zurück. Angehörige verschiedenster deutscher Stämme, die nach der Verdrängung der Türken im 17. und 18. Jahrhundert in mehreren „Schwabenzügen" auf der Donau als Siedler in das Pannonische Becken kamen, verschmolzen im Lauf der Jahre zum jüngsten deutschen Stamm, für den der Name „Donauschwaben" geprägt wurde.

Die deutschen Siedler kamen nach den kaiserlichen Ansiedlungspatenten „als freie und unmittelbar kaiserlich-königliche Untertanen auf ewige Zeiten" in die pannonischen Landschaften. Aus Sumpf- und Ödland schufen sie als erste freie Reichsbauern eine blühende Kulturlandschaft. Ihr Siedlungsbereich umfaßte hauptsächlich den überwiegend ebenen Teil des Donau-Karpatenraumes, der bis 1918 die östliche Hälfte der österreichisch-ungarischen Monarchie bildete. Zwischen Donau und Theiß besitzt das Niederungsland seine größte Ausdehnung.

Der Menschenschlag der Donauschwaben zeigte überwiegend bäuerliches Gepräge. Die dörfliche Gemeinschaft war sein Lebensraum. Dort entwickelte er Fleiß, Ausdauer, Ordnungsliebe, Bereitschaft zur Einordnung und Sparsamkeit als seine hervorragenden Tugenden.

Von der Jahrhundertwende an werden das Banat, die Batschka, werden Syrmien, Slawonien und die Schwäbische Türkei weithin als „Kornkammer Europas" bezeichnet. Der Zerfall der österreichisch-ungarischen Monarchie am Ende des Ersten Weltkrieges zerriß die Siedlungsgebiete des Donauschwabentums jedoch, beließ sie zum kleineren Teil bei Ungarn und schlug den größeren Teil zu Jugoslawien und Rumänien. Bei seiner Aufteilung an die Nachfolgestaaten der Habsburger-Monarchie lebten in diesem gesamten Siedlungsraum rund 1,5 Millionen Deutsche.

Über eine halbe Million Donauschwaben wurden damals jugoslawische Staatsangehörige. Noch bevor ein Friedensvertrag mit diesem Staat abgeschlossen war, sollten Deutsche zum serbischen Militär einrücken. Auf ihre Weigerung hin wurden nicht wenige von ihnen mißhandelt, einige von aufgebrachten serbischen Nationalisten sogar ermordet.

Zu gleicher Zeit setzte die donauschwäbische Schulnot ein. Jugoslawien verstaatlichte 1922 sämtliche Schulen, nur die Volksschulen durften deutschsprachige Parallelabteilungen an slawischen Schulen einrichten. Es gab damals einen heftigen Kampf um die Schulautonomie. Erst ab 1940 wurden dann auch Gymnasien mit deutscher Unterrichtssprache zugelassen. Obwohl die Donauschwaben in ihren Kultur-Organisationen offen der Devise ,,staatstreu und volkstreu'' folgten, wurde lange Zeit verhindert, daß sie als Nationalität kulturell und politisch gleichberechtigt wurden.

Für das Deutschtum in Jugoslawien brachte der Zweite Weltkrieg zunächst die Zerschlagung des Staatswesens, dem es seit 1918 angehörte. Später forderte dann der Ausbruch des Partisanenkrieges auf beiden Seiten blutigste Opfer.

Durch den hektischen Verlauf der politischen und militärischen Ereignisse gingen vielerlei Umsiedlungspläne und Umsiedlungsmaßnahmen in Evakuierungs- und Fluchtbewegungen über. So wurde, ehe sich im Herbst 1944 die Front den Grenzen näherte, ein Teil des Kroatiendeutschtums bereits von einer Evakuierungswelle erfaßt.

Die beinahe 600jährige Geschichte des Deutschtums in der Gottschee und in der Krain endete schon im Winter 1941/42. Ein deutsch-italienisches Abkommen vom 31. August 1941 besiegelte die Umsiedlung der Deutschen von der Provinz Laibach und der Gottschee in die Untersteiermark und nach Kärnten.

Die Deutschen in Jugoslawien erlitten ein zweifaches Leid und wurden politisch doppelt betrogen: Die Führung des Dritten Reiches nützte ihren Idealismus aus, um sie für ihre Zwecke auf den Schlachtfeldern bluten zu lassen. Für das Nachkriegsregime Jugoslawiens war das jedoch nur ein willkommener Vorwand, diese Bevölkerungsgruppe des kollektiven Landesverrates zu bezichtigen und sie zu vertreiben oder zu vernichten. Der Weg der Donauschwaben wurde damit zum Leidensweg, zur Passion.

Diese Passion begann mit der großen Flucht eines Teiles der Donauschwaben, als im September 1944 die russische Front herannahte. Die Flucht wurde zum ,,umgekehrten Schwabenzug''. Die Passion setzte sich fort mit den Massenerschießungen volksdeutscher Männer durch jugoslawische Partisanenkommandos in den Oktober- und Novembertagen des blutigen Herbstes 1944. In den Weihnachtstagen des gleichen Jahres wurden Männer und Frauen der Batschka und des Banats in Viehwaggons zur Zwangsarbeit in die Bergwerke der Ukraine deportiert. Der Leidensweg fand schließlich seinen Höhepunkt mit der Zwangsräumung der donauschwäbischen Dörfer Jugoslawiens um Ostern 1945 und der Einweisung der Deutschen in die Arbeits- und ,,Endlager''. Drei Jahre hindurch blieb diese Passion ein Auf und Ab des Sterbens und Flüchtens und eines zwangsweisen Aussiedelns.

Als dies Leid, das nach der großen Bonner ,,Dokumentation der Vertreibung der Deutschen aus Ost-Mitteleuropa'' unter den Jugoslawiendeutschen nahezu hunderttausend Opfer verschlungen hatte, allmählich auszuklingen schien, da schlug es noch zu einem schrillen Finale um: 1951 wurden 50.000 Deutsche aus Rumänien zur Zwangsarbeit in die Baragansteppe am Schwarzen Meer verschleppt.

Die Flucht der Donauschwaben des Banats vor der herannahenden Roten Armee erstickte im Kompetenzstreit. Von den nahezu 250.000 Donauschwaben der Batschka verließen 85.000 mit 10.000 Planwagen das Land und stauten sich an den Fähren und Brücken der Donau. Nur das Allernotwendigste konnten die Menschen mitnehmen. Georg Heitz, stellvertretender Landesvorsitzender der Landsmannschaft der Donauschwaben in Bayern, war damals 13 Jahre alt. Er erinnert sich:

,,Ich komme aus Stanischitsch, einem Schwabendorf an der nordöstlichen Grenze nach Ungarn. Das war ein Dorf mit 7000 bis 8000 Einwohnern, davon etwa 6- bis 7000 Deutschen. Ich war damals ein Kind. Aus der Ferne waren die ersten Kanonenschläge der näherrückenden Front zu hören, als sich mein Großvater und meine Mutter, mein Vater war im Krieg, zur Flucht entschlos-

54

sen. Mit uns kamen aus diesem Dorf noch fünf weitere Pferdefuhrwerke, gemessen an der Einwohnerzahl sehr wenige. Aber sie waren, wie sich herausstellte, die wenigen, die dem schweren Schicksal der Daheimgebliebenen entronnen sind."

Der Planwagen gilt als eines der schmerzlichen Symbole dieses Jahrhunderts, das mit Recht das Jahrhundert der Vertreibungen genannt wird. Die donauschwäbischen Flüchtlinge hatten zunächst Hoffnung auf Rückkehr in ihre Heimat. Das bestätigt auch Georg Heitz in der Schilderung seines Fluchtweges.

„Am 11. Oktober 1944 begann die große Reise von Stanischitsch ins Reich. Zunächst am Plattensee entlang, durch Westungarn bis nach Lundenburg. Dort legten wir eine kurze Verweildauer von drei Tagen ein, um für die Verpflegung zu sorgen. Wir hatten auch Kleinkinder im Transport, und dann ging's über die damalige Grenze ins Deutsche Reich. Die Nächte waren nicht immer ruhig. Es gab Fliegerangriffe, es gab Bombenalarm, aber alles in allem war die Reise erträglich. Zunächst führte uns der Weg dann über St. Pölten nach Linz an der Donau und nach Enns. Hier setzten wir über die Donau bis nach Schwertberg bei Mauthausen. Der Empfang war überaus freudlich. Dennoch spürten wir beim Einrichten des neuen Zuhauses, daß wir fast alles daheim liegen gelassen hatten. Hier verblieben wir dann und erlebten den Übergang vom Amerikaner zum Russen. Aber immer hatten wir Hoffnung, eines Tages wieder nach Hause zu können. Der Tag kam auch, und die neue Reise der Heimat entgegen endete dann auf einem Abstellbahnhof bei Wien. Dort begann ein neues Leben für uns, und dort kam dann auch mein Vater aus dem Krieg zu uns zurück. In Österreich verblieben wir bis 1949 und siedelten dann nach München über."

Was aber war diese Flucht gegenüber den Leiden, denen die Daheimgebliebenen ausgeliefert waren? Am 21. November 1944 besiegelte der Antifaschistische Rat der nationalen Befreiung Jugoslawiens in Belgrad den Beschluß, den Donauschwaben die Bürgerrechte abzusprechen und ihr Eigentum als Feindvermögen einzuziehen.

Die ,,Donauschwäbische Passion'' traf die Jugoslawiendeutschen besonders hart. Jeder Fünfte hat sie nicht überlebt. Von den Zurückgebliebenen wurden zwei Drittel getötet. Nicht weniger unmenschlich als die Partisanenherrschaft in den donauschwäbischen Dörfern war hernach die Behandlung der verfolgten Minderheit in den Lagern. Sie bestand aus einer grausamen Mischung von Massenerschießungen und Einkerkerung in Konzentrationslagern. Ein Augenzeuge berichtet:

,,Schon vom 3. Oktober 1944 an kam es zu Verhaftungen von deutschen Männern. In jeder Nacht wurde eine große Zahl aus den Gefängnissen geholt und im Keller des Gebäudes oder an anderen Stellen erschlagen oder erschossen. Am 10. Oktober wurden 135 deutsche Männer von den Partisanen öffentlich erschossen. Am 23. Oktober wurden weitere 35 Männer aus ihren Häusern geholt und ins Gefängnis gebracht. Nach zweitägiger Folterung wurden sie auf einen Lastkraftwagen verladen und weggefahren. Seither sind sie verschwunden. Am 25. Oktober wurde der ehemalige Bürgermeister mit fünf städtischen Beamten auf dem Schinderplatz erschossen. Am 27. Oktober trieb man die noch übrigen Männer aus dem Wohnungen und brachte sie in ein Lager. Auch aus den umliegenden deutschen Gemeinden trieb man Männer in das Lager, so daß im Magazin am Bahnhof gegen 5.000 Männer als Gefangene zusammengedrängt waren.

Abend für Abend fuhren Lastkraftwagen heran. Die meisten Deutschen wurden zum Schinderplatz gefahren und ohne Verfahren erschossen. Im Dezember lebten noch 350. Man verschickte sie ins Lager zur Zwangsarbeit.''

Ein Schlossermeister, Jahrgang 1907, schildert seine bitteren Erlebnisse mit den Worten:

,,Wir wurden gemeinsam mit sechs Landsleuten ins Gemeindeamt gerufen, wurden dort gefesselt, die Hände, und dann zwei und zwei zusammengefesselt. Später wurden wir dann nach St. Hobert ins Gemeindeamt geführt, und da wurden wir gewaltig verschlagen und niedergeschlagen und kamen den nächsten Morgen in die Milchhalle ins Vernichtungslager.

Auf einem westdeutschen Bahnhof mit einem Flüchtlingszug
eingetroffen

Ich will nur einen Tag schildern. An diesem Tage mußten wir ausnahmsweise nicht zur Arbeit und standen im großen Saal. Da kamen Partisanen und Partisaninnen in Uniform, haben einen Kreis gebildet und haben Gefangene in den Kreis gezerrt und haben mit Gewehrkolben die Männer niedergeschlagen bis zur Bewußtlosigkeit. Da sind sie auch liegengeblieben. Frauen in Uniform, in Stiefeln, haben den dort liegenden Männern noch die Zähne ausgetreten, so wurde gehaust. Ich habe nachträglich zwei Männer noch bewußtlos auf die Seite gezogen und hab' ihnen Wasser gegeben und sie abgewaschen, den blutenden Kopf, und bin mit ihnen auf die Toilette, ist nur Blut von ihnen weggegangen ....''

Im Bundesarchiv in Koblenz liegen 768 Dokumente aus 185 Lagern vor. Vielfach gab es auch Exekutionen von Lagerinsassen. Über dieses Leid, und wie es ihm selbst gelang, aus dem Lager zu fliehen, berichtet der schon zu Wort gekommene donauschwäbische Schlossermeister:

„Ich war bis zum 11. November im Lager und habe diese ganzen Erschießungen mit angesehen. Fast jeden Abend hat man 100 bis 150 Mann einen Genickschuß gegeben. Die haben's auf einem Plattformwagen weggeführt zu den Massengräbern. Mir ist dann schließlich die Flucht nach Rumänien gelungen. Ich bin vorher noch in meiner Heimatgemeinde gewesen, hab' meine Frau und meine Tochter gefunden, und in derselben Nacht bin ich auf das nächste Dorf in Rumänien geflüchtet. In Rumänien habe ich gearbeitet, aber die Ausreise lange nicht bekommen. Erst im Jahr 1973 gelang es mir, in die Bundesrepublik zu kommen.''

Massendeportationen der Deutschen in die Sowjetunion begannen in Jugoslawien genau an Weihnachten 1944. Vor allem die Bevölkerung des Banats und der Batschka war davon betroffen. Die Ausführung lag bei den Partisanenkommandos. Die Musterung erfolgte wieder durch sowjetische Militärkommissionen. In Jugoslawien betraf die Deportation zu über 80 Prozent Frauen, die durchweg von ihren Kindern getrennt wurden. Die Kinder kamen in jugoslawische Lager.

40.000 donauschwäbische Kinder waren 1945 völlig oder vorübergehend verwaist. Ihre Eltern waren entweder tot oder zur Zwangsarbeit nach Rußland verschleppt. Diese Kinder vegetierten mit ihren Großeltern oder mit anderen Verwandten in Hungerlagern. Rund 20.000 von ihnen — also ungefähr die Hälfte — überlebten das erste Jahr und wurden dann in staatliche jugoslawische Umerziehungsheime eingewiesen.

Die aus Rußland entlassenen Eltern und Verwandten dieser Kinder begannen von Österreich und der Bundesrepublik Deutschland aus verzweifelt nach ihnen zu suchen. Aber erst 1959 gelang es dem Internationalen Roten Kreuz, die jugoslawischen Behörden zu einer Kooperation zu bewegen. Fünftausend Kinder fanden damals ihren Weg zu den Eltern und Verwandten in den westlichen Ländern — ein bescheidener Erfolg im Zeitalter der Humanität und der Menschenrechte. 15.000 Schwabenkinder aber wurden slawisiert und ihrer Nationalität entfremdet. Sie wurden sozusagen zu anderen Menschen gemacht.

Das Schicksal der Deportation und der Trennung von ihrem Kind erlitt auch Frau Theresia Hutfluß im Alter von 19 Jahren. Sie kam mit 1.400 Landsleuten ins sowjetische Lager 1.201 bei Woroschilowgrad.

„Ja, am 28. Dezember 1944 sind in unserem Heimatort Frauen und auch Mädchen zusammengetrieben worden. Viele von uns hatten Kinder mit dabei. Auch ich hatte einen Sohn von zweieinhalb Jahren, den ich nicht gerne weggeben wollte. Mir wurde aber befohlen, daß ich ihn abgeben soll, sonst hätten sie ihn mir vom Arm geschossen. Dann wurden wir in Viehwaggons zu 30 Personen, Männer und Frauen in einem Waggon, verladen, wo wir auch alle unsere Sachen, also die Notdurft, verrichten mußten. Da sind wir ungefähr 19 Tage auf der Reise gewesen und sind dann in Rußland angekommen. Wie wir dann in ein Lager, in eine Baracke kamen, ohne Fenster und Türen, bei 40 Grad Kälte, da mußten wir nachts Bretter klauen, um uns die Pritschen zu bauen. Später mußten wir Frauen fünf Jahre im Bergwerk arbeiten und schwere Arbeit verrichten. In diesen fünf Jahren sind ungefähr die Hälfte von uns an Typhus und anderen Seuchen gestorben. 1949 wurden dann die Überlebenden nach Deutschland entlassen."

Die Hunger- und Todeslager, die Titos Exekutivorgane 1945 für ihre vormaligen Mitbürger einrichteten, waren nichts anderes als mit Menschen vollgepferchte donauschwäbische Dörfer. In die Leidensgeschichte der Deutschen in Jugoslawien gingen viele schicksalschweren Namen ein: Gakowo, Kruschiwl, Jarek, Rudolfsgnad, Molindorf, Syrmisch-Mitrowitza, Semlin und Kerndija. Dort verhungerten Deutsche ab April 1945. Dort starben die Kleinsten an den Kinderkrankheiten, weil die wenigen Ärzte, die es in den einzelnen Lagern gab, kaum Medikamente besaßen. Dort wurden sie von Flecktyphus hingerafft, weil sie sich nicht mehr gegen die Läuseplage wehren konnten. Sie waren ohnehin vom Hunger geschwächt, besaßen weder Seife, noch Reinigungsmittel und litten unter spärlichster Brennholzzuteilung. Von Dezember 1945 bis zum März 1946 starben in Gakowo täglich dreißig bis vierzig, manchmal sogar fünfzig Menschen. Im Tagebuch des Lagerpriesters Matthias Johler ist das festgehalten.

Andreas Sickinger war dreizehn Jahre alt, als seine Heimatgemeinde damals interniert wurde.

„Die Internierung der Donauschwaben in Jugoslawien begann ja Anfang 1945. Ich komme aus einer Gemeinde, die wurde am 10. August 1945 als letzte Gemeinde in Jugoslawien interniert. Das war eine vollkommene Internierung der ganzen Gemeinde. Wir wurden in der Früh um 10.00 Uhr aufgefordert, die Häuser zu verlassen, die Hausschlüssel abzugeben und wurden auf den Marktplatz mit Partisanen-Begleitung getrieben. Dort wurden die Arbeitsfähigen, die Kinder und die älteren Personen aussortiert. Man wurde aufgeteilt in Gruppen. Die Gruppen, wo die Kinder und die älteren Menschen dabei waren, die kamen in ein Vernichtungslager, das neben meiner Heimatgemeinde war. Die Arbeitsfähigen kamen teils nach Sombor, teils verblieben sie aber auch in der Gemeinde, um dort Feldarbeit zu verrichten."

Alle in Jugoslawien verbliebenen Deutschen waren bis Mitte 1945 praktisch interniert. Ein heute in München lebender Donauschwabe schildert seinen Weg durch verschiedene Lager:

„Ich kam auch auf so einen Lagerhof, hat man gesagt,

auf einen Arbeitshof, und blieb dort bis Anfang 46. Dann wurden alle Deutschen aus der Gemeinde wieder zusammengetrieben und auf Pferdewagen verfrachtet. Man hat uns ins Dorf, in die Gemeinde gefahren, hat uns gemahnt und gewarnt, wir sollten nicht versuchen, ja nicht versuchen, in der Gemeinde zu flüchten, weil wir bei der Flucht niedergeschossen würden. Und dann hat einer, der die Sprache der Jugoslawen beherrscht, gemeint, es ist einerlei, wir sind eh schon halb tot, schießt uns nieder, dann sind wir weg. Der Partisane hat darauf erzählt, so wäre es auch wieder nicht, wir sollten's nicht so schlimm sehen. Er wäre auch in Gefangenschaft gewesen und wieder frei. Er hat uns quasi noch Mut gemacht. Wir kamen dann nach Sombor ins Lager. In diesem berüchtigten Lager sind viele Donauschwaben umgekommen. Dezember 1944 war das ein berüchtigtes Arbeitslager. Mein Onkel ist dort auch gestorben. Die Partisanen haben ihn mit Gewehrkolben niedergeknüppelt, und er ist an den Folgen gestorben. Ich blieb dort bis Anfang 1947, wurde dann umverfrachtet nach Gakowo in das berüchtigte Vernichtungslager. Dort konnte man mit der knappen Verpflegung nicht lange leben. Wir haben daher versucht, aus dem Lager zu flüchten. Das ist uns beim ersten Mal nicht gelungen, aber der zweite Versuch gelang. Wir sind Gott sei Dank aus dem Lager herausgekommen und nach Ungarn geflüchtet. Wir blieben dann in Ungarn bis Juni, dort mußten dann die Deutschen aus dem Ausland alle heraus. Man hat uns dort in Waggons nach Österreich gefahren. In Österreich, in der Sowjetzone Österreichs, blieben wir dann bis September 1947 und sind von dort dann über Linz in die amerikanische Zone geflüchtet, und von dort wieder sind wir in die Nähe von Passau zu Fuß bei Nacht über die Grenze nach Deutschland gegangen.''

Offiziell gab es damals dreierlei Lager: Zentralarbeitslager, Ortslager und Konzentrationslager für Arbeitsunfähige. Diese Lager für Arbeitsunfähige wurden auch inoffiziell Endlager oder Vernichtungslager genannt, weil dort die Sterberate am höchsten war. Ein großer Teil der Lagerinsassen bestand aus Kindern. Im Lager Rudolfsgnad befanden sich am 30. April 1946 rund 46 Prozent Jungen und Mädchen unter 14 Jahren.

Frau Rosalia Sickinger erlitt ebenso wie ihr späterer Mann dieses Lagerschicksal:

> „Ich bin mit meiner Mutter mit zehn Jahren ins Lager gekommen und bin dann auf so einen Arbeitshof gekommen, wo meine Mutter gearbeitet hat. Schulen gab es für uns Kinder damals keine, und das Essen war auch sehr knapp. Deshalb sind wir Kinder dann immer zum Betteln gegangen. Durch die Unterernährung waren wir Kinder besonders anfällig für Krankheiten, und ich kann mich noch erinnern, daß damals ein Mädchen Diphtherie bekommen hat und ist innerhalb von acht Tagen gestorben, weil ja keine ärztliche Versorgung da war. Ohne das Betteln bei den einheimischen Bauern hätte es wahrscheinlich auch für mich kein Überleben gegeben. Dieses armselige Dasein konnten wir dann bis 1947 durchhalten, und ich bin dann mit meiner Mutter über Ungarn und Österreich nach Deutschland geflüchtet.''

Der über dreihundertjährige Weg der Donauschwaben wurde am Ende zum Leidensweg. Die Opfer der Vertreibungsverbrechen sind verstummt. Das ist jedoch ohne Zweifel um so mehr ein Grund, den Überlebenden des Verbrechens der Vertreibung das Wort zu geben.

Die Not der Deutschen
aus Siebenbürgen und dem Banat

Hans Bergel

Während im Herzen Deutschlands im Januar 1945 noch der Krieg tobte, brach über die in Siebenbürgen und im Banat beheimateten Deutschen ein grausames Schicksal herein. Für sie begann eine Zeit voller Leiden und Demütigungen. Eine Frau, die diese Torturen miterlebte, berichtet:

„Am 13. Januar 1945 morgens um drei Uhr wurde ich in einer südsiebenbürgischen Stadt ausgehoben. Ein rumänischer Polizist und ein sowjetischer Soldat waren in unsere Wohnung eingedrungen. Sie hatten mir soviel Zeit gelassen, daß ich einen kleinen Koffer packen konnte, und nahmen mich dann mit. Auf der Straße bot sich mir überall das gleiche Bild. Aus allen Häusern, in denen Deutsche lebten, wurden Menschen von bewaffneten Uniformierten geholt. Weinende, schreiende Frauen, halbe Kinder und ältere Männer wurden zusammengetrieben. Wir wurden in einem Schulgebäude interniert, das von Bewaffneten umgeben war. Eine Woche später wurden wir zu Tausenden auf den Bahnhof getrieben. Unterwegs sangen wir ‚Eine feste Burg ist unser Gott'. In Viehwaggons zusammengepfercht, wurden wir nach Osten transportiert. Ich war damals neunzehn Jahre alt. Mein Mann stand als Soldat an der Westfront. Unser noch nicht einjähriges Söhnchen hatte ich in der Obhut meiner alten und kranken, alleinstehenden Mutter zurücklassen müssen."

Diese vierzig Jahre nach dem Ereignis geschilderte Szene spielte sich in jenen Januartagen in den damals noch deutschen Siedlungsgebieten Siebenbürgen, Banat und Sathmar ungefähr achtzigtausendmal ab.

Um ein Bild der Ausmaße zu gewinnen, muß man sich als Beispiel die Lage der Siebenbürger Sachsen vor Augen halten. Fünf Jahre vor dem geschilderten Ereignis, 1940, hatte es in Siebenbürgen 252.000 Deutsche gegeben. Ungefähr 30.000 Männer standen im Zweiten Weltkrieg an den Fronten. Im Herbst 1944 flohen — einschließlich einiger tausend Sathmardeutscher — rund 48.000 Siebenbürger vor den sowjetischen Armeen nach dem Westen. Mit den rund 28.000 im Jahre 1945 in die UdSSR Zwangsdeportierten wuchs die Zahl der Verluste auf fast 100.000. Innerhalb kurzer Zeit also zählte diese Volksgruppe — bis in die Substanz geschwächt — in der alten Heimat nur noch ungefähr 155.000 Menschen.

Ähnlich bot sich das Bild der Banater Schwaben dar, die 1939 rund 274.000 Seelen zählten. Die Gruppe der Sathmardeutschen wurde im gleichen Jahr mit 34.500 Angehörigen beziffert.

Diese drei Volksgruppen verloren zusammen allein durch die Flucht im Jahre 1944 und durch die Zwangsverschleppungen im Jahre 1945 nahezu 180.000 Menschen. Aber es gibt Schätzungen, die noch erheblich höher liegen. Die Verschleppungsaushebungen jedenfalls, die am 2. und 3. Januar im Sathmargebiet, am 10. und 11. Januar in Kronstadt und Bukarest begannen und danach schlagartig im ganzen Land einsetzten, bezeichnen zusammen mit der Flucht vor 1944 den Beginn jenes Exodus der Deutschen aus Rumänien, der bis heute andauert. Eine Frau schildert, was damals an Bitternissen auf diese Deutschen einstürmte, mit den nüchternen Worten:

„In den Viehwaggons, die mit zweistöckigen Holzpritschen ausgestattet waren, wurden wir über die Ostkarpaten in die Moldau gebracht und dort bei Kischinew in die Viehwaggons der breitspurigen sowjetischen Eisenbahn verladen. Auch hier gab's Holzpritschen und ein in den Bretterboden gesägtes Loch, das Frauen und Männern als WC diente. In den 38 Tagen, in denen wir über Odessa, Kiew und Kriwoi Rog nach Kungur westlich des Ural gebracht wurden, durften wir die Waggons zweimal verlassen. Jedesmal nachts. Wir erhielten in dieser Zeit dreimal warmes Essen. Unter uns befanden sich Menschen zwischen 15 und 55 Jahren. In Kungur wurden wir bei 40 Grad minus halb erfroren und verhungert ausgeladen."

Nach einer auf die einzelnen Siedlungsgebiete bezogenen Schätzung wurden damals auf diese Weise beinahe 40.000 Deutsche aus dem Banat, fast 30.000 aus Siebenbürgen und ungefähr 12.000 aus Sathmar als Reparationsleistung für Kriegsschäden zur Zwangsarbeit in die UdSSR verschleppt, darunter 60 Prozent Frauen.

Wie war es dazu gekommen, daß der Vielvölkerstaat Rumänien, der vom September 1944 bis zum Mai 1945 an sowjetischer Seite gekämpft hatte, im Zuge der Reparationsleistungen ausschließlich Deutsche deportieren ließ? Weder Siebenbürgen noch das Banat oder Sathmar waren jemals deutsches Reichsgebiet, und die deutschen Bewohner waren rechtlich rumänische Staatsbürger.

Unmittelbar nach der Besetzung des Landes durch die sowjetischen Armeen im Spätsommer 1944 richtete Generalleutnant Winogradow an die Regierung des rumänischen Königs Michael die Forderung nach Arbeitskräften für sein Land. Ausdrücklich verlangte er im Namen der Alliierten deutsche Arbeitskräfte, die Männer zwischen 17 und 45, die Frauen zwischen 18 und 30 Jahren. Seine Begründung lautete: Die Deutschen Rumäniens könnten im Rücken der Roten Armee ein Spionage- und Sabotagenetz aufziehen.

Umgehend, wenn auch ohne Erfolg, wiesen die Amerikaner die sowjetische Behauptung zurück, sie würden in Absprache mit den USA handeln. Noch während die Aushebungen im Januar 1945 durchgeführt wurden, stellte Washington in einem Telegramm an den amerikanischen Botschafter Harriman in Moskau klar, daß es im rumänischen Waffenstillstandsvertrag vom 12. September 1944 keine Bestimmungen über Reparationen in Form von Arbeitsleistungen gäbe. Doch schon damals scherten sich die Sowjets nicht um derlei Proteste und verlangten von der rumänischen Regierung in Bukarest unter Wahrung der Geheimhaltung die Ausfertigung genauer Listen über die arbeitsfähigen Deutschen im Lande.

Geheimhaltung freilich, wie die Sowjets sie wünschten, war nicht möglich. Die Information über die Arbeit an den Listen sickerte durch. So weiß ein Siebenbürger zu berichten:

„Ich erinnere mich, wie mein Vater Anfang Dezember 1944 bedrückt und zugleich erregt mit der Nachricht nach Hause kam, ein rumänischer Bekannter, ein Rechtsanwalt, habe ihm soeben unter dem Siegel der Verschwiegenheit mitgeteilt, daß die zivilen und die Polizeiverwaltungen des Landkreises Tag und Nacht mit der Erstellung von Listen beschäftigt seien, auf denen alle Deutschen im arbeitsfähigen Alter aufgeführt würden. Da dies im Auftrag und auf Druck der Sowjets geschähe, gäbe es keine andere Erklärung als eine demnächst bevorstehende Deportation der Deutschen in die UdSSR, womöglich deren gesamte Verpflanzung nach Sibirien, wie die Sowjets das auch mit anderen Bevölkerungsgruppen gemacht hätten.

Da sowohl mein Vater als auch meine Mutter und die älteren meiner Geschwister in die genannte Altersspanne fielen, war die Niedergeschlagenheit verständlicherweise groß, und wir überlegten in vielen Gesprächen, wie wir uns zu verhalten hätten. Während mein Vater sagte: ‚Was alle betrifft, wird uns mitbetreffen!‘, ließ sich meine Mutter nicht von ihrer Vorstellung abbringen: ‚Hier ist sich selber jeder der Nächste und hat auf seine Rettung zu sinnen!‘

Das Entsetzliche an der Lage damals war unsere völlige Wehrlosigkeit und Ohnmacht. Wir waren den Absichten der Sowjets und Rumänen, ohne etwas dagegen unternehmen zu können, ausgeliefert. Aus dem Land fliehen konnte man nicht. Wollte man sich verstecken, erhob sich die Frage nach der Dauer der Lage. Es waren Wochen einer nervenverzehrenden Ungewißheit.‘‘

Der amerikanische Völkerrechtler und Historiker Alfred de Zayas hat eindringlich darauf aufmerksam gemacht, daß die Reparationsverschleppungen der Deutschen aus dem Banat, aus Siebenbürgen und aus Sathmar in die UdSSR nicht nur ein Verbrechen an der Menschlichkeit darstellt, sondern auch völkerrechtswidrig waren. De Zayas wies in dem Zusammenhang darauf hin, daß es sich bei diesen Deutschen nicht um Staatsbürger des Dritten Reichs gehandelt habe. Dadurch hätten sie aus den Beschlüssen von Jalta ausgeklammert sein müssen. Freilich fand die Jalta- oder Krimkonferenz bereits zwischen dem 4. und 11. Fe-

Reste eines Flüchtlingstrecks

bruar 1945 statt, zu einem Zeitpunkt also, als die Deutschen aus
Rumänien längst verschleppt und in den Bergwerken der Ukraine, um Stalino und Woroschilowgrad, im Ural und östlich des
Ural, aber auch diesseits des Djnepr bei Kriwoi Rog und Djnepropetrowsk unter unmenschlichen Bedingungen als Arbeitskräfte eingesetzt waren.

Unter welchen Umständen die Deutschen dorthin gebracht wurden und dann dort arbeiten mußten, davon berichtet eine Frau:

„Von den knapp eintausend Menschen, die in unserem
Transport in Viehwaggons in vierzig Tagen aus Rumänien nach Kungur an den Westausläufern des südlichen Ural gebracht worden waren, starben an Flecktyphus — den wir uns durch die Berührung mit der dortigen Zivilbevölkerung geholt hatten — während der ersten Wochen etwa zweihundert.

Zuerst in einer ungeheizten aufgelassenen Kirche untergebracht, bezogen wir danach elende Holzbaracken. Bei einer Verpflegung von 300 Gramm Brot, einer Handvoll Kichererbsen und einem fingergroßen Stück Fleisch arbeiteten wir mit Brechstangen, Krampen und Schaufeln bei Temperaturen bis zu 35 und 40 Grad minus.

Wir mußten obstkistengroße Blöcke aus Gußeisen aus dem Eis und Schnee unterhalb einer Bahngleisböschung herausschlagen und auf LKWs verladen. Im großen ganzen blieb dies unsere Arbeit während der folgenden fünf Jahre. Ununterbrochen waren wir dabei von Krankheiten und Erfrierungen heimgesucht. Ununterbrochen starben Menschen an Schwäche, Unterernährung und Erschöpfung. Durch das jahrelange Essen ungefetteter Krautbrühe bildeten sich am ganzen Körper — bei uns Frauen vor allem auf der Brust — offene Wunden und eiternde Löcher. Die Arbeit war für Frauen so schwer, daß nicht wenigen von uns vor Überanstrengung die Gebärmutter aus dem Geschlechtsteil heraustrat.''

Ein nach der Sowjetunion verschleppter Mann erinnert sich:

,,Unser Transport brachte uns in die Gegend zwischen Tscheliabinsk im Süden und Swerdlowsk im Norden östlich des Ural. Dort gibt es große Nickelbergwerke. Eine Woche nach der Ankunft — wir waren 42 Tage in ungeheizten Güterwaggons unterwegs gewesen — brach eine Typhusepidemie unter uns aus und raffte von den etwa 1.400 Menschen, die dort angekommen waren, in kurzer Zeit ungefähr 400 hinweg. Ohne Rücksicht darauf wurden wir zur Arbeit getrieben. Zunächst unter Tag. Weil die Absicherungen in den Minen jeder Beschreibung spotteten, kamen zu den Typhustoten bald die Unfalltoten. Dann wieder arbeiteten wir draußen. Wir mußten Bäume fällen und Knüppelbäume bauen, auf denen die von den USA an die Sowjets massenhaft gelieferten Selbstentlader-LKWs fuhren. Tagaus-, tagein erhielten wir Krautblättersuppe.

Hier in diesem Lager in Ufalej erfuhr ich übrigens, kurz bevor ich eines Tages nach Njassepetrowsk gebracht wurde, zum erstenmal von meiner Frau. Ein Bekannter, den ich traf, erzählte mir, daß auch sie verschleppt worden war und daß er sie in einem Bergwerk bei Stalino getroffen hätte. Da man mich als Offizier der rumänischen Armee von meiner Fronteinheit weg verhaftet hatte, war mir über die Ereignisse daheim im Januar 1945 im einzelnen nichts bekannt geworden. Das heißt, ich wußte jahrelang nichts vom Schicksal meiner Familie. Ich war mit 25 Jahren verschleppt worden."

In Rumänien war am 16. März 1945 ein Gesetz über die Agrarreform erschienen. Es verfügte die sofortige entschädigungslose Enteignung aller landwirtschaftlichen Nutzflächen im Privatbesitz von mehr als 50 Hektar. Der Durchschnittsbesitz jedoch zum Beispiel der deutschen Bauern in Siebenbürgen betrug nur 5 Hektar. Daher wurden dann in das Gesetz Sonderbestimmungen eingebaut, die sich gegen Kriegsverbrecher und Kollaborateure richteten — und dazu wurden nun die Deutschen pauschal im Banat, in Sathmar und in Siebenbürgen erklärt, obgleich die Loyalität ihres staatsbürgerlichen Verhaltens während des Kriegs einwandfrei, ja mustergültig gewesen war.

Mit Hilfe dieser Sonderbestimmungen wurde ihnen aller Grund und Boden genommen. So befanden sich zum Beispiel im Besitz der Deutschen in Siebenbürgen vor der Agrarreform insgesamt 385.400 Joch Grund. Nach der Agrarreform verblieben nur noch 4.400 Joch in deutschem Besitz. Das heißt 98 Prozent ihres landwirtschaftlichen Bodens waren entschädigungslos enteignet worden. Die Folgen für die durch die Menschenverluste ohnehin bis ins Mark getroffene Volksgruppe waren verheerend.

Die in Siebenbürgen, im Banat und in Sathmar in dieser Art Enteigneten verloren aber darüber hinaus ebenso entschädigungslos ihren gesamten Hofbesitz nebst lebendem und totem Inventar. Sie wurden ohne rechtliche Handhabe über Nacht buchstäblich auf die Straße gesetzt und damit einem Zustand der totalen Verarmung ausgeliefert. Das führte zwangsläufig zu grundlegenden sozialen Umstrukturierungen der deutschen Volksgruppen. Aus freien Bauern, aus Handwerkern, Kaufleuten, Fabrikeigentümern und Unternehmern wurden von einem Tag zum anderen nun Tagelöhner, Bahn- und Straßenarbeiter, bestenfalls staatlich dirigierte Verwalter ihres früheren Besitzes.

Viele Bauern verließen die Dörfer und fanden als Vorstadtproletariat unqualifizierte Arbeit in der Industrie. Hand in Hand mit dieser Binnenwanderung und Halbverstädterung ging die Loslösung aus den traditionellen, über viele Jahrhunderte hinweg bewährten und für die Einheit einer Volksgruppe unerläßlichen Bindungen. Sie leitete den langsamen inneren Zerfall der deutschen Volkgruppen in Rumänien als ethnisch geschlossene Organismen ein, dessen letzte Phasen heute auf schmerzliche Weise deutlich werden.

Zusammen mit den Menschenverlusten durch Flucht, Fronteinsatz und Zwangsverschleppungen bedeuten die im Jahre 1945 an rund 80.000 deutschen Bauern durchgeführten Enteignungen einen der folgereichsten Schläge gegen die reale Überlebensbasis dieser Bevölkerungsgruppen.

Man muß sich aber auch weitere Zahlen vor Augen halten: 1940 stellten die Deutschen Rumäniens bei 5 Prozent Anteil an der Gesamtbevölkerung des Landes 12,5 Prozent der Industrieunternehmen und 27 Prozent der Industrieproduktion ganz Rumäniens. In einzelnen Industriezweigen überboten sie diese Zahl beträchtlich. So betrug ihr Anteil an der Papierherstellung des Landes 82 Prozent, am Druckereiwesen 37 Prozent, an der Nahrungs- und Genußmittelerzeugung 43 Prozent. Die deutschen Landwirte stellten damals fast die Hälfte der Schweinezucht Rumäniens. Vierzig Jahre später aber, 1980, betrug der Anteil Deutscher an Rumäniens Gesamtbevölkerung nur noch rund 1,5 Prozent, und ihre Auslöschung als dynamischer Faktor im Wirtschaftsleben des Landes hat dessen ehemals reichste Provinzen Siebenbürgen und das Banat zu den ärmsten Regionen Europas werden lassen.

Die Folge dieser fatalen Entwicklung zeigte sich bald. Bereits in den fünfziger Jahren setzte als Ergebnis der Zerschlagung der Existenzfundamente jener Auswanderungsdrang ein, der seither unentwegt anstieg und zu einem Problem der Politik zwischen Bonn und Bukarest wurde. Zu dem Auswanderungswillen trägt nicht zuletzt auch die staatlich gelenkte systematische Unterwanderung der historischen deutschen Wohngebiete durch rumänische Bevölkerungsteile bei. Die Einheit des Siedlungsraums ist für das Überleben einer Volksgruppe in der Exklave die entscheidende Voraussetzung. Sie ging in vier Jahrzehnten destruktiver Bukarester Minderheitenpolitik für die Siebenbürger Sachsen, die Banater Schwaben und die Sathmardeutsche verloren und bleibt unwiederherstellbar. Die mittlerweile in der dritten Generation sowohl im Banat als auch in Siebenbürgen und im Sathmargebiet in erdrückender Mehrheit lebenden Rumänen sind aus diesen Landschaften nicht mehr wegzudenken. Wer dies übersieht, läßt einen Vorgang von kardinaler Bedeutung in der jüngsten Geschichte dieser Volksgruppen außer acht.

Nicht die Auswanderung der Deutschen aus dem Banat, aus Siebenbürgen oder aus Sathmar gefährdet und zerstört die Existenz dieser Volksgruppen in Rumänien, wie irreführend manchmal gesagt wird. Vielmehr liegt die Reihenfolge von Ursache und Wirkung genau umgekehrt:

Die Auswanderung ist die Folge der seit 1945 zerstörten Lebensgrundlagen dieser Volksgruppen. Das heißt nicht das ,,Ubi bene ibi patria'' (,,Wo es einem gut geht, dort ist seine Heimat'') treibt diese Menschen zur Aussiedlung, sondern die Vernichtung der Grundlagen ihrer Identitätswahrung läßt sie an die Aussiedlung als letzte Chance der Wahrung ihres Volkstums, ihrer Sprache und ihrer Kulturidentität denken.

Zur Not und zu dem Leid der Deutschen in und aus diesen Gebieten gehören seit vierzig Jahren ihre Wege — ihre Aussiedlung — nach Übersee, ihre endgültige Abkehr also nicht allein vom Banat oder von Siebenbürgen, sondern von Europa. Leben heute ungefähr 115.000 Siebenbürger und nahezu 125.000 Banater in der Bundesrepublik Deutschland, so suchten gut über 20.000 von ihnen in den USA und in Kanada, einige Tausend in anderen Überseeländern, Zuflucht und eine neue Heimat. Nicht wenige von ihnen waren nach ihrer Entlassung aus den Kohlenbergwerken am Donez in der Ukraine oder aus den Wäldern des Ural gleichsam geradewegs quer durch Europa und weiter über den Atlantik gefahren.

Ein Banater berichtet:

,,Im Winter 1949/50 hatte mir in einem Lager bei Njassepetrowsk im südlichen Ural bei Rodungsarbeiten ein Baumstamm das rechte Bein so stark verletzt, daß ich nach wochenlangen Eiterungen und Wundfieber von der Lagerverwaltung für den nächsten Krankentransport nach Westen nominiert wurde. Ich muß dazu sagen, daß ich nur drei Wochen vorher durch einen unwahrscheinlichen Zufall erfahren hatte, daß meine

Frau in einem ukrainischen Arbeitslager an Silikose, an Staublunge, gestorben war. Als ich dann nach wochenlanger Fahrt über Kiew zuerst Frankfurt an der Oder und schließlich Berlin erreicht hatte, wollte ich nur in die Banater Heimat zurück, konnte das aber wegen des schlimmen Zustands meines verletzten Beines nicht. Zwei Jahre lang quälte ich mich in Krankenhäusern und bei Ärzten herum.

Als ich 1952 endlich soweit hergestellt war, erhielt ich Nachricht, daß die deutschen Bewohner meines Heimatorts in der Nähe der rumänisch-jugoslawischen Grenze zusammen mit Tausenden anderer von den rumänischen Behörden in die Donausteppe evakuiert und dort zum Winterbeginn im Freien ohne Dach über dem Kopf ausgesetzt worden waren; meine alten Eltern starben dort innerhalb von zwei Wochen. Damit hatte ich niemanden mehr aus der Familie in meiner ehemaligen Heimat, denn mein dreijähriger Sohn war nur einen Monat nach der Verschleppung meiner Frau im Februar 1945 an einer niemals festgestellten Krankheit gestorben. Mein älterer Bruder war 1942 bei Stalingrad gefallen und meine Schwester 1949 bei der Verschleppung in der Ukraine umgekommen.

Ich blieb den Winter 1952/53 noch bei einem Bekannten in Hannover. 1953 half mir ein entfernter Verwandter bei der Beschaffung der Einreise nach Kanada. Seither lebe ich bei Kitchener in Ontario. Mein immer noch krankes Bein erinnert mich an all das Vorgefallene, als sei es gestern geschehen. Die Verbindungen zu Landsleuten in Österreich und Deutschland bestehen zwar, doch werde ich niemals wieder endgültig nach Europa zurückkehren. Dort geschah zuviel. Ich habe so etwas wie Angst davor."

1941 lebten im Banat, im südwestlichen Rumänien, 277.000 Deutsche. 1960 waren es noch über 240.000. Heute sind es nur noch rund 180.000. Hartnäckiger und unbeschwerter als ihre siebenbürgischen Landsleute drängen sie aus dem Land hinaus, das ihnen in den letzten vierzig Jahren unsäglich viel Leid bescherte. Der Tragödie der Deportation in die UdSSR war 1952 die Tragödie der Evakuierungen Tausender von ihnen in die Donausteppe gefolgt — ein menschenrechtlicher Skandal, der seinesgleichen sucht. Dazwischen und danach lag das Drama der völligen Enteignung, der Rechtlosigkeit, der kulturellen Entmündigung, der Diffamierungen und Schikanen, der gezielten ethnischen Überfremdung. Was Wunder, daß diese Menschen einen Prozeß der seelischen Entheimatung in der Heimat mitmachten, der in ihnen jede Bindung an diese Heimat auslöschte.

Von den 1945 in die Sowjetunion zwangsverschleppten Siebenbürger Sachsen, Banater, Schwaben und Sathmardeutschen kehrten die meisten erst 1949, die letzten 1952, Nachzügler sogar erst 1956, nach Rumänien zurück. Ein Drittel der Verschleppten war in den Arbeitslagern zugrunde gegangen. Ein weiteres Drittel zog der Rückkehr nach Rumänien die Niederlassung im westlichen Teil Deutschlands vor. Die meisten aber erlitten in den sowjetischen Arbeitslagern gesundheitliche oder seelische Schäden für das ganze Leben.

Auf die Erinnerung an jene Jahre angesprochen, sagen sie ungefähr alle das gleiche:

„Den Alptraum jener Jahre hat mir seither nichts mehr nehmen können. Auch nicht meine Aussiedlung nach Deutschland, wo ich nun seit zehn Jahren lebe, arbeite, mich gut und zufrieden fühle. Es gibt kaum eine Nacht, kann ich sagen, in der ich nicht in der einen oder anderen Form davon träume, mich in jenen grauenhaften Verhältnissen im Donbass und nachher im Ural wiederzufinden.

Es ist wohl am besten, darüber nicht mehr zu sprechen, denke ich manchmal. Doch dann wieder sage ich mir, daß das falsch ist. Daß man darüber sprechen muß, weil auch dieses Leid zu unseren Tagen gehört — weil es nicht frei erfunden und erdacht ist, sondern erlebt und erduldet wurde wie vieles andere."

Am 13. Januar 1942 hatten die Alliierten auf einer Konferenz in London und im Oktober 1943 auf einer Konferenz in Moskau bekanntgegeben, daß die deutschen Kriegsverbrechen auf dem Wege rechtsstaatlicher Justiz geahndet werden müßten. Vom 14. November 1945 bis zum 1. Oktober 1946 fanden darauf in Nürnberg die sogenannten Kriegsverbrecherprozesse statt. Verbrechen der Alliierten standen dabei nicht zur Debatte. Die Sowjets, die gestrengsten Richter vor der Öffentlichkeit, hatten wohl auf Höchstbestrafung der deutschen Verantwortlichen für Zwangsdeportationen und -internierungen gedrängt. Aber sie selbst wiederholten ungerührt und unbestraft die Vergehen der Verurteilten: Sie führten Deportationen in großem Stil durch — der Deutschen aus den Gebieten östlich der Elbe, von Polen bis Danzig und Ostpreußen, von Ungarn bis Rumänien und Jugoslawien. Das war eine von ihrer obersten Führung geplante und entgegen allen Abmachungen durchgeführte Aktion, bei deren Zustandekommen die westlichen Alliierten der Sowjets zumindest durch Untätigkeit nicht unmaßgeblich mitwirkten.

Was die Deutschen aus Siebenbürgen, aus dem Banat und aus Sathmar vor dem Hintergrund dieser Ereignisse angeht, wurden sie — wie der Bayerische Staatsminister Franz Neubauer erklärte — „nicht nur deportiert, sondern auch dezimiert. Und seither", fuhr der Minister fort, „ist ihr nationales Schicksal in ihren Heimatgebieten bedrückend, ja viele bezeichnen es als hoffnungslos."

Das Leid der Deutschen in Polen

Mikolaj Dutsch

Wegen der Ereignisse an der Ostfront flohen seit Januar 1945 Millionen von Deutschen aus ihrer angestammten Heimat vor der heranrückenden Roten Armee. In endlosen Flüchtlingstrecks zogen sie durch Schnee und Eis nach Westen. Die meisten erreichten ihr Ziel. Viele mußten die Fahrt der Heimat abgekehrt jedoch mit dem Leben bezahlen. Für sie endete die Flucht entweder in den eisigen Fluten der Ostsee oder sie starben an Hunger und Krankheit unterwegs, fielen den Bordwaffen sowjetischer Tiefflieger zum Opfer oder kamen in Lagern ums Leben. Wohl zeichnete sich die Niederlage des Dritten Reiches im Zweiten Weltkrieg immer deutlicher ab, doch die Waffen hatten noch nicht geschwiegen, als für die Ostdeutschen der zweite Teil einer Tragödie begann, die ohne Zweifel zu den größten Flucht- und Vertreibungsschrecken der Menschheitsgeschichte gezählt werden muß.

Unrecht gegen Unrecht aufzuwiegen, ist heute so müßig wie 1944 oder 1945. Damals war die Moral der Völker aufgehoben. Das Gewissen des einzelnen war eine andere Frage. Es gab, dies darf nicht vergessen werden, auch in den ersten Tagen der Rache, sowjetische Soldaten, die ihrem Gewissen gehorchten. Andere aber diktierten von den ersten Tagen an mit ihren Untaten den Begleittext zum Untergang des deutschen Ostens, und sie leisteten, auch dies ist ein Tatbestand der Zeitgeschichte, der deutschen Durchhalte-Propaganda Vorschub. Deutsche, Russen und Polen bezahlten dafür mit Leiden und Tod.

Die deutsche NS-Propaganda schlachtete damals aus, was in Nemmersdorf und in anderen Orten Ostpreußens geschehen war. Ein Volkssturmmann, der mit seiner Kompanie in das wiedereroberte Nemmersdorf gekommen war, schilderte die folgende Szene:

„... am Dorfrand stand auf der linken Straßenseite ein großes Gasthaus ‚Weißer Krug', rechts davon ging eine Straße ab, die zu den umliegenden Gehöften führte. An dem ersten Gehöft links von der Straße sah ich einen Leiterwagen. An diesem waren vier nackte Frauen in gekreuzigter Stellung durch die Hände genagelt. Hinter dem ‚Weißen Krug' in Richtung Gumbinnen lag ein freier Platz mit dem Denkmal des Unbekannten Soldaten. Hinter diesem freien Platz stand wiederum ein großes Gasthaus ‚Roter Krug'. An diesem Gasthaus längs der Straße befand sich eine Scheune. An den beiden Scheunentüren waren je eine Frau, nackt in gekreuzigter Stellung durch die Hände genagelt. Weiter fanden wir dann in den Wohnungen insgesamt 72 Frauen einschließlich Kinder und einen alten Mann von 74 Jahren, die sämtlich tot waren, fast alle ausschließlich ermordet bis auf nur wenige, die Genickschüsse aufwiesen."

Die Ausschreitungen der sowjetischen Truppen bei der ersten Berührung mit der deutschen Zivilbevölkerung in Gebieten, die seit 1945 von Polen bewohnt werden, sind von unverdächtigen Zeugen wie Lew Kopelew in seinem Buch „Aufbewahren für alle Zeit" oder von Alexander Solschenizyn in seinem Werk „Ostpreußische Nächte" literarisch dargestellt worden. Der junge Hauptmann Solschenizyn mußte für seine mutige Kritik mit acht Jahren ‚Archipel Gulag' büßen. Im Rausch des Sieges und des erbeuteten Alkohols tobten sich die Soldaten damals aus, plünderten und vergewaltigten. Nur selten vermochten anständige Offiziere erfolgreich zu intervenieren.

Alexander Solschenizyn hat in den „Ostpreußischen Nächten" Bilder aus dem eroberten Neidenburg beschworen:

„Zweiundzwanzig, Höringstraße,
noch kein Brand, doch wüst geplündert,
durch die Wand gedämpft ein Stöhnen:
Lebend find' ich noch die Mutter.
Waren's viel auf der Matratze?
Kompanie? Ein Zug? Was macht es!

Flüchtlinge warten auf einem Verladebahnhof auf den Weitertransport in Richtung Westen

Tochter — Kind noch, gleich getötet.
Alles schlicht nach der Parole:
Nichts vergessen! Nichts verzeih'n.
Blut für Blut und Zahn für Zahn.
Wer noch Jungfrau, wird zum Weibe,
Und die Weiber Leichen bald.
Schon vernebelt, Augen blutig,
bittet: Töte mich, Soldat!
Sieht nicht der getrübte Blick?
Ich gehör' doch auch zu jenen.''

Unter dem Eindruck dieser Greueltaten verließen immer mehr Menschen in langen Flüchtlingstrecks, hungernd, bitter frierend und rücksichtslosen feindlichen Luftangriffen ausgesetzt, ihre Heimat. Kaum einer aber rechnete damit, daß es ein Abschied für immer werden sollte.

Rund 15 Millionen Deutsche wurden nach dem Krieg aus dem Osten vertrieben. Über zehn Millionen verschlug es in die Westzonen, 3,5 Millionen in die sowjetische Besatzungszone, eine halbe Million nach Österreich und eine weitere Million in westliche Staaten.

Es ist ein hartes Los, Haus und Hof zu verlieren, doch die Menschen, die in endlosen Trecks westwärts zogen oder die gefahrvolle Flucht über die Ostsee wagten, gehörten noch zu den Glücklichen, wie unter anderem Hannelore Müller, der es mit fünf kleinen Kindern gelungen war, in Danzig noch einen Flüchtlingszug zu erreichen. Ihr Mann hatte nicht mitgehen dürfen. Sie erinnert sich heute:

„Von Danzig aus hatten wir die Gelegenheit, einen der letzten Züge zu bekommen, und zwar einen Wagen, ja; und der war vollgestopft, also unser Abteil. Es war überhaupt kein Durchkommen. Toilette und so was, war vollkommen unmöglich, so voll war dieser Wagen. Aber es war für uns trotzdem ein großer Vorteil, weil wir mit diesem Zug bis Stettin gekommen sind. Es waren also, ich will einmal sagen, unbeschreibliche Zustände. Aber wir sind durchgekommen. Wir sollten nach Schwerin, kamen aber nach Güstrow, weil ich zusammengebrochen bin."

Unzählige Deutsche haben im Osten ihr Leben verloren. Sie wurden erschossen, erschlagen oder zu Tode gequält, starben in Lagern oder bei der Verschleppung. Aus den Erlebnissen von Alice Hess, die aus der Sicht einer Weichsel-Warthe-Deutschen heute auf die Zeit ihrer Flucht aus Pabianice bei Lodz zurückblickt, klingt die Unmenschlichkeit dieser unheilvollen Zeit durch. Als junges Mädchen kam Frau Hess bei ihrer Flucht von Lodz zuerst in den Westen des Warthelandes, von dort nach Brandenburg, dann nach Schlesien und schließlich über Karlsbad nach Sachsen.

„Für mich begann der Treck am 18. Januar 1945, morgens gegen 6 Uhr. Vorher wurden wir gar nicht informiert, von der Partei oder sonst einer Dienststelle, sondern es hieß auf einmal, wir sollten, falls etwas passieren sollte, in den Kreis Wolfstein evakuiert werden. Und als wir dann morgens weg mußten, in Richtung Westen, versuchten wir, mit der Wehrmacht mitzukommen. Das stellte sich aber auch nicht gerade als günstig heraus. Durch Zwang konnten wir auf Panzer aufsteigen und fuhren in Richtung Westen. Etwa nach vier Stunden waren kaum sieben Kilometer geschafft.

Dann kam ein Zug. Der wurde vom Militär angehalten. Es war der letzte Zug, der aus Lodz herausfuhr, vollgepackt mit Verwundeten. Wir kamen aber doch noch hinein. Der Treck, mit dem wir wegfuhren, also der sowohl mit Wehrmacht als auch mit Zivilbevölkerung voll war und kaum vorwärts kam, der wurde gegen zwölf Uhr, halb eins — wie ich dann nach Jahren später erfahren habe, von der Front überrollt. Zu 90 Prozent starben die Leute da auf der Strecke. Und wir kamen also doch nach Wolfstein. Nach einem Tag des Versuchs dort zu bleiben, was absolut nicht möglich war, Wolfstein war vollkommen zu, vollgestopft mit Flüchtlingen, hieß es dann: auf eigene Faust, auf eigenes Können nach dem Westen. Wir hatten Verwandte in Sagan, so daß wir uns entschlossen haben, meine Eltern, meine Schwester, nach Sagan zu fahren. Es gelang uns dann auch nach zwei Tagen."

Aber diese Fahrt verlief nicht ohne Schwierigkeiten.

„Der Zug, in dem viele Verwundete waren, der höchstens vier-, fünfhundert Leute hätte fassen können, der war mit über tausend Leuten besetzt. Wir saßen auf den Puffern, auf den Trittbrettern. Da war alles vollkommen zugestopft, keiner wußte ja, was los ist, keiner wußte etwas. Es war fürchterlich. Man kann es gar nicht sagen. Es grenzt fast an ein Wunder, daß noch welche durchgekommen sind. Der Treck, mit dem wir herauskamen, der dann weiterfuhr, der wurde angegriffen. Da müßten fast alle umgekommen sein, sowohl Soldaten als auch die Flüchtlinge. Denn es wurde durch Tiefflieger geschossen und auch bombardiert."

Unterwegs, während dieser von Fliegerangriffen unterbrochenen Fahrt, kam es wieder und wieder zu erschütternden Szenen.

„Es war an einem Vormittag, ich weiß nicht mehr, ob es ein Samstag oder was war, und es fuhr ein Zug in den Bahnhof hinein. Kurz darauf stürzte aus den Gebäuden die Feldgendarmerie und der Zug hielt an. Es war ein Transportzug. Die Türen wurden dann aufgerissen, diese Schiebetüren. Doch da waren nur alte Leute drin im Zug, Frauen mit Kindern. Ich weiß nicht, wo der

Zug herkam. Es waren halt deutsche Leute, Deutsche aus dem Osten. Und da hat man den Frauen die Kinder, die tot waren, und auch tote, alte Leute herausgenommen und einfach auf den Bahnsteig geschmissen. Als diese Selektion, möchte ich sagen, fertig war, hat man die letzten hineingepfercht und wie so eine Hammelherde wieder zugemacht und weiter ging der Zug. Was zurückblieb, blieb eben zurück. Es war wahnsinnig ergreifend und erschütternd und für meine Begriffe einfach unmenschlich. Denn es dürfte ja nicht ein Einzelfall gewesen sein."

Doch nicht allen Deutschen, die in der Gegend um Lodz gelebt hatten, gelang die Flucht. Viele hatten Erlebnisse, die das düstere Schicksal der Flucht noch bei weitem im Maß an Leid und im Ausmaß an Unmenschlichkeit überstiegen.

„Es blieben sehr viele zurück, die einfach die Möglichkeit nicht hatten zu fliehen. Meine Mutter, die verlor zwei Brüder, die in Pawice wohnten, das heißt einer wohnte in Pawice, war beim Roten Kreuz tätig, der wurde von den Polen erschlagen. Der andere Bruder wohnte in Lodz. Seine beiden Söhne, der eine war bei der SS, der andere war bei der Wehrmacht, wurden erschlagen im Lager Schikawa, das ist in der Nähe von Lodz. Ebenso starb ein Schwager auf dem Hungermarsch nach Kiew, den die Russen in Sagan zusammengestellt hatten mit 200 Leuten. Außerdem sind mir viele Bekannte und Schulfreundinnen namentlich bekannt, die in den Lagern gelandet sind und unter fürchterlichen Verhältnissen dort manchmal bis zu fünf Jahren leben mußten, bis sie dann rauskamen. Einige leiden bis zum heutigen Zeitpunkt noch unter diesen Strapazen und Entbehrungen. Sie sind gesundheitsgeschädigt bis zum heutigen Tag."

Während jedoch zu Beginn des Jahres 1945 die Bevölkerung des deutschen Ostens die Schrecken der Flucht und der Vertreibung erlebte, hatte eine andere deutsche Volksgruppe, die Deutschen aus Galizien, bereits einen Exodus aus ihrer Heimat hinter sich und befand sich nun auf der zweiten Flucht.

In Galizien lebten 60.000 Deutsche. Sie kamen in der zweiten

Hälfte des 18. Jahrhunderts dorthin, nachdem Galizien durch die erste Teilung Polens 1772 Österreich zugeschlagen worden war. Kaiser Joseph II. hatte das Land besucht und befand es als wirtschaftlich ausbaufähig. Er beschloß, dort Deutsche aus der Pfalz und aus Hessen anzusiedeln. Mit ihrer Hilfe hoffte er, das Land zu Wohlstand und Ansehen zu führen.

Mit ihren Pferdefuhrwerken, manche mit einfachen Schubkarren, waren diese Menschen damals nach Ulm aufgebrochen. Dort wurden sie auf die bekannten „Ulmer Schachteln" verladen und traten dann die Reise donauabwärts nach Wien an. Von Wien aus ging es dann auf nach Galizien.

Peter Unterschütz, ein ehemaliger Lehrer aus Galizien, berichtet über das Schicksal seiner Landsleute vor und nach Ausbruch des Zweiten Weltkrieges:

„Man muß sich das Land etwa so groß vorstellen wie Bayern. Bis zum Ausbruch des Zweiten Weltkrieges lebten in Ost- und Westgalizien, das der Fluß San voneinander trennte, 60.000 Deutsche, meist in geschlossenen Siedlungen. Wirtsvolk waren die Polen, wenngleich im östlichen Teil des Landes überwiegend Ukrainer, im Westen hingegen Polen siedelten. Vor 1939 war das Verhältnis der Deutschen zu den Polen, Ukrainern und den dort lebenden Juden gut. Doch dann kam der Vorabend des Zweiten Weltkrieges. Noch lange vor dem Einmarsch der deutschen Truppen waren viele Deutsche, die bislang als angesehene Bürger galten, der Zusammenarbeit mit dem Nationalsozialismus, der Spionage und Sabotage verdächtigt worden und mußten den Marsch in das berüchtigte polnische Konzentrationslager Bereza Kartuska antreten. Als dann im Polenfeldzug die deutschen Truppen bis zum Westufer des San kamen, und die Rote Armee, nach dem deutsch-sowjetischen Nichtangriffspakt, die Gebiete östlich vom San einnahm, begann für die Deutschen Ostgaliziens die Stunde der Umsiedlung: Wer sich zum Deutschtum bekannte, verließ das Land. Wagen mit Gespann durften mitgenommen werden, das Vieh mußte zu Hause bleiben, endlose Trecks zogen bis nach Przemyśl am San. Dort wurden sie dann von der deutschen Verwaltung in Empfang genommen."

Die meisten Galiziendeutschen wurden von Przemyśl zunächst ins Reichsgebiet geschickt, in Lager untergebracht und eingebürgert. Doch hier sollte, vor allem für die Bauern, ein neuer Leidensweg beginnen. Die nationalsozialistischen Machthaber hatten verfügt, galiziendeutsche Bauernfamilien zurück in das besetzte Polen zu verfrachten, um sie im Land zwischen Weichsel und Warthe auf Höfen von Polen einzusetzen, die aus dem Generalgouvernement vertrieben worden waren. Als der Krieg zu Ende ging, befanden sich diese Menschen dann erneut auf der Flucht nach Westen.

Wer in den Tagen dieses Exodus den Anschluß an den Treck verpaßt hatte, wurde zum Augenzeugen dessen, wie die sowjetische Besatzungsmacht gegen die Deutschen in Polen vorging. Viele von ihnen verdankten in dieser Zeit ihr Leben der Hilfe und dem Entgegenkommen der polnischen Bevölkerung. Frau Gertrud Zielke, die im Wartheland beheimatet war und erst 1947 von Gnesen in die britische Zone gelangen konnte, erklärt:

„Das Schlimme waren die Grausamkeiten der Russen. Ich möchte sagen, vor allen Dingen, dieser ersten und zweiten und dritten Welle. Das steigerte sich immer. Die ersten Truppen, die zogen durch; die zweiten plünderten; die dritten vergewaltigten — bis dann eine gewisse Ordnung eintrat. Das Gute war, daß ich polnische Sprachkenntnisse besaß und zunächst einmal mit Hilfe mir völlig unbekannter Polen in die Versenkung ging. Sie haben mich versteckt, das war am 21., 22. und 23. Januar. Sie nahmen mich in ihr Haus auf, und unter eigenen Gefahren haben sie mich immer wieder versteckt. Das Haus, in dem ich wohnte, gehörte zu einem großen Gut, das unmittelbar vor Gnesen lag. Es wurde durch den Schukow-Stab besetzt, und die ganze Umgebung wurde vom NKWD nach Deutschen abgesucht. Die Polen versorgten mich mit polnischen Ausweisen. Ich mußte den Namen wechseln, ich kam immer wieder durch die Kontrollen durch. Die Polen taten das Äußerste. Ich hab mich immer wieder gefragt: Tun sie das, weil sie annehmen, daß die Deutschen wieder zurückkommen, oder tun sie das aus wirklicher Nächstenliebe? Ich meine, sie taten das aus Nächstenliebe."

Wie aber verhielt sich die sowjetische Geheimpolizei, das NKWD?

„Das NKWD hat gesiebt. Die Männer zwischen 16 und 80, würde ich sagen, die wurden erst einmal gesondert abgeführt. Die Frauen mußten in ein Lager in der Nähe von Gnesen. Dort wurden sie mit Kindern und Säuglingen untergebracht, und da herrschten fürchterliche Zustände, so schlimm, daß die Russen dann sagten: ,Wenn das hier so weitergeht, dann müssen entweder alle erschossen werden, oder man gibt ihnen einfach Essen.' Vor all diesen Sachen bin ich also bewahrt worden, aufgrund dieser guten, polnischen Sprachkenntnisse und der Polen, die mir einfach spontan halfen. Ich war dort als Dienstmagd untergebracht, natürlich gegen einen ganz kleinen Lohn, aber das machte nichts, ich wurde gut verpflegt und sehr gut behandelt."

Wie werten die Weichsel-Warthe-Deutschen heute den Verlust ihrer Heimat?

„Der Verlust meiner Heimat ist tragisch , aber ich nehme das als gegeben hin, und daran ist nichs zu ändern. Ich habe keine Ansprüche und keinen Groll gegen die Polen."

Gab es für diese Deutschen ein Wiedersehen mit der alten Heimat?

„Ja, ich habe die alte Heimat wiedergesehen. Ich war sehr traurig, als der Friedhof eingeebnet war, auf dem mein Vater beerdigt ist. Ich habe den Polen das auch gesagt, daß mir das nicht gefällt. Man hätte ein Kreuz drauf stehen lassen können. Auch in Posen, als ich den Heldenfriedhof der Russen sah, erlaubte ich mir die Frage: ,Wo liegen meine Deutschen?' Da sagte man mir: ,Ja, irgendwo'. Und darauf antwortete ich: ,Ja, irgendwo, das reicht mir nicht. Es sind doch Brüder, Väter, Verlobte unserer Leute, die heut' noch leben. Wie schön wär' das, wenn man wüßte, wo die liegen.'

Darauf gab es ein großes Schweigen. Und schließlich sagten die Polen: ‚Ja, im Grunde hast Du recht. Auch denen gebührt eine Ehre.' So hab' ich das wirklich gehört und erlebt."

Aber auch in anderen Teilen des Landes, in dem heute Polen leben, machten die Deutschen unterschiedliche und häufig auch zwiespältige Erfahrungen. Aus Ober- und Niederschlesien schleppten sich 1945 Flüchtlingstrecks durch den eisigen Winter. Pferdefuhrwerke, hochbeladen mit Hausrat, halberfrorene Kinder obenauf, Greise und Frauen trieben erschöpfte Gäule durch den Schnee, zwängten sich diese Züge vorbei an Kolonnen der deutschen Wehrmacht, die teils selber auf der Flucht, teils auf dem Marsch zur Front waren.

Im Januar 1945 durchbrach die Rote Armee in einer Großoffensive die deutsche Front von den Karpaten bis zur Ostsee. Von 4,4 Millionen Schlesiern befanden sich damals 2,9 Millionen auf einem Leidensweg. Sie flohen vor dem Grauen.

Die Stadt Neisse, die gar nicht gegen die Russen verteidigt worden war, wurde bei ihrer Eroberung durch die Rote Armee ein Raub der Flammen: 15 Ordensschwestern wurden vergewaltigt und dann erschlagen, berichtete ein Priester aus Neisse vor einer Kommission des Roten Kreuzes. Alle männlichen Zivilisten zwischen 18 und 50 wurden in den Osten verschleppt.

Sie kamen nie zurück.

Die alte Heimat geriet zum Spielball der Sieger. Die Großen Drei — Churchill, Roosevelt und Stalin — legten auf ihrer Konferenz in Jalta im Februar 1945 Polens neue Ostgrenze fest. Stalin behielt mit westalliierter Zustimmung die ostpolnischen Gebiete, die ihm Hitler 1939 durch seinen Freundschaftspakt ausgeliefert hatte. Im Juli 1945 einigten sich die Großen Drei auf der Konferenz auf die Oder-Neisse-Linie als Westgrenze der Volksrepublik Polen.

In Potsdam sprachen die Russen noch von „humaner Umsiedlung". 3,15 Millionen Deutsche wurden aus dem an Polen gefallenen Oberschlesien und Niederschlesien zwangsumgesiedelt. Sie erwarteten Menschlichkeit von den Siegern. Menschlichkeit kam jedoch meist nur in einzelnen Fällen zum Ausdruck. Hunderttausende verloren bei der Zwangsumsiedlung ihr Leben.

Wem die Flucht nicht mehr gelang und wer nach dem Einmarsch

der Russen nicht vertrieben wurde, kämpfte ums nackte Überleben. Nur den Hunger zu stillen, das war in der Schreckenszeit nach dem Einmarsch das einzige Ziel. Dabei reichten die polnischen Nachbarn den deutschen Oberschlesiern oft die rettende Hand — vor allem in den gemischten Dörfern Oberschlesiens, wo Deutsche und Polen seit langem miteinander lebten. Marie Otrzonsek erinnert sich:

„Da war anfangs nichts zu essen. Da haben sie eine Küche eingerichtet. Da kamen die Leute dann um Suppe. Sie haben ein Stück Brot gekriegt, ein bißchen Zucker in einer kleinen Tüte und Brot. Und ich, ich hab' das ein paarmal gekriegt. Aber dann hat sich herumgesprochen, daß wir deutsch gesinnt sind. Da sagte man mir: ‚Warten Sie bis zuletzt.' Und da hab ich gewartet bis ganz zuletzt, und da sagt er: ‚Aber Sie kriegen heute nichts und Sie kriegen auch nichts mehr, denn Ihr Mann ist ein Deutscher. Sie sind deutsch.' Nun, da mußte ich halt geh'n ohne die Suppe. Es hat nichts geholfen, ich hab' nichts gekriegt. Und ich hab' auch zu Hause nichts gehabt, keinen Kaffee und nichts. Und die andern haben sich's unter sich geteilt, Malzkaffee oder so was mit irgend etwas. Und da ging ich dann auch zu einem Bekannten und bettelte: ‚Haben Sie nicht etwas Kaffee oder was? Ich hab' kein Salz und keinen Kaffee und nichts.' Das war aber ein Pole! Und unser Opa, der war von der NSV, hatte die Leute betreut, nicht zu Hitlers Zeiten. Und der Pole sagte: ‚Ach die Frau Otrzonsek! Gib' der Frau Otrzonsek, denn der alte Otrzonsek war gut zu mir. Und da hat sie mir Salz gegeben und Malzkaffee, und auch ein biß'l Brot dazu. Nun, das waren so die ersten Zeiten. Aber dann ging ich zu Bauern arbeiten. Nun, bei Bauern hab' ich Brot bekommen, kein Geld. Nur drei Schnitten hab' ich bekommen. Da hab' ich die zwei Schnitten den Kindern gebracht, und die eine Schnitte hab' ich aufgegessen."

Auch die Oberschlesierin Ria Kubaty kann nicht vergessen, was sie nach dem Kriegsende in ihrer alten Heimat erlebte.

„Gleich am ersten Tag kam die Miliz ins Haus, und da mußte ich die Kasernen und die Schulen putzen, wo die Russen einquartiert waren. Und da hat man alle deutschen Frauen zusammengetrommelt, und wir mußten geh'n. Wir haben ganz dreckige Lumpen zum Putzen gekriegt, eiskaltes Wasser und keine Putzmittel und gar nichts. Und da sollten wir saubermachen. Ich war damals noch sehr jung und hab' gewissenhaft gearbeitet. Und der Aufseher, der über uns war, der war ein ehemaliger polnischer Offizier. Wir haben in dem Gebiet gewohnt, das nach 1921 zu Polen gefallen ist. Und der Pole, der Aufseher, ist dann 1939 bei uns geblieben und hat eine Schlesierin geheiratet und wohnte den ganzen Krieg bei uns. Als dann die Russen kamen, war der eben Aufseher in der Kaserne. Ja, und der kam und hat dann kontrolliert. Zu mir hat er gesagt: ‚Sie werden wohl sowieso arbeiten müssen. Wenn Sie wollen, kann ich Sie in der Kaserne beschäftigen. Allerdings kriegen Sie dafür nichts bezahlt. Aber ich glaube, es ist für Sie besser als irgendwo anders.' Und tatsächlich, hab' ich mir gedacht, wohl oder übel, bleibst du da. Also das war ein sehr netter Mensch, muß ich sagen. Ab und zu hat er mir eine Schnitte Brot gegeben oder ein paar Kartoffeln nach Hause. Und da hab' ich die Kasernen geputzt.''

Vertreibung nach der Umsiedlung
Schicksale der Deutschen aus dem Baltikum und dem Buchenland

Hans-Ulrich Engel und Dieter Nubert

Kurz nach dem Ausbruch des Zweiten Weltkrieges wurden unzählige Deutsche aus dem Baltikum, dem Buchenland und auch aus Wolhynien im Wartheland angesiedelt. Sie waren die ersten Opfer der von Hitler verursachten Entheimatung zahlloser Deutscher. Nach dem Verlust ihrer Siedlungsgebiete in Nord-, Ost- und Südosteuropa mußten sie nach der befohlenen Umsiedlung auch noch das Leid der Flucht mit allen düsteren Begleitumständen ertragen, weil die ihnen von den Nationalsozialisten zugewiesene Ersatz-Heimat im Wartheland in die Kampflinie geriet und schließlich von der Roten Armee überrollt wurde.
Damals, im Januar 1945, während die Front an der Weichsel zusammenbrach, zogen zahllose Trecks überstürzt und wortwörtlich in letzter Minute in Richtung Westen. Unter den endlosen, zwischen deutschen Militärkolonnen eingekeilten Wagenreihen befanden sich auch die Gespanne der aus dem Baltikum ins Wartheland verschlagenen Baronin Ortrud von der Recke. Viele Tage war dieser Treck — beständig russische Panzer im Rücken — unterwegs. Über die wohl menschlich bewegendste Etappe dieser Flucht berichtet Ortrud von der Recke:

„Die Nacht war grauenvoll. Wir fuhren in einem kleinen geschlossenen Treck, mit drei Wagen, los. Glatteis, Schneegestöber, kalt, hungrig, heulende Hunde und stockfinster. Ich konnte mich nur durch Rufen mit den Kutschern verständigen. Es war viel zu dunkel, um sehen zu können, ob die zwei noch hinter oder vor mir waren. Ich fuhr mit Adam, das war der Sohn meiner Vollblutstute Phädra, einem braunen Pferde, und vorn mit der angebundenen Phädra. Phädra war tragend, daher mußte ich sie anbinden. Es war recht heimatlich. Mit zwei Pferden aus der alten Heimat im Baltikum zog ich jetzt wieder ins Ungewisse. Das vorläufige Ziel war, so schnell wie möglich zu meiner Mutter und meinen Kindern zu kommen. Die Nachrichten wurden rasch schlimmer, daß es unterwegs so schien, als ob man nirgends lange Rast würde machen können. Kein Mensch wußte etwas Genaues. Alle hetzten und trieben zur Eile an, Richtung Westen.

Ungefähr bei Grenzhausen, an der früheren Ostgrenze der Provinz Posen, bog ich auf die Chaussee ein, um im direkten und kürzesten Weg zu meiner Mutter zu kommen. Eine Meute von Polizisten und ekligen Menschen hielt mich sofort an und schrie, daß die große Straße nur für die zurückziehende Wehrmacht sei und eventuell von Fliegern beschossen werden kann. Mein Kopf war aber härter. Wenn die Wehrmacht so schnell zurück muß, dachte ich, muß ich jedenfalls noch schneller zu meinen Kindern und meiner Mutter. Mich allein ließen diese Herren schließlich auch durch.

Am Abend kam ich nach einigen unvorhergesehenen Unbequemlichkeiten und Umwegen endlich auf den Weg von Wreschen nach Schroda. In Wreschen war schon die Brücke gesprengt oder jedenfalls kaputt, und auf der großen Chaussee konnte ich auch nur vier Sperren betören. Die fünfte war so konsequent, daß ich ungefähr bei Stralkowo abbiegen mußte und noch einmal den Weg fuhr, den ich ein paar Jahre früher auf der Gütersuche gefahren bin. Schön und still lag Sensenhof, ein Traumgut. Der Weg von Wreschen über Schroda lag vor mir — noch 12 Kilometer bis zum kleinen Liebling, 12 Kilometer noch, und ich bin da.

Die Straße eisglatt, die Stollen stumpf, die Pferde müde, vier-, fünfmal stand der Wagen quer auf der Straße. Ich war ganz allein. Herunter, den Wagen umschieben. Woher man die Kraft hat, ich weiß es nicht. Keine Menschenseele war zu sehen. Endlich der Querweg. Ich biege ab und lese das Schild ,Schwarzendorf'. Da sitze ich fest. Kein Schlagen, kein Bitten, nichts hilft. Wir sind fest in einer großen Schneewehe. Ich springe hinunter, fange an mit den Händen den Schnee fortzuschaufeln, unter den Rädern, unter den Pferden, sogar überall, unter jedem Wagenrad. ,Hü, hott'. Nichts, nur die Hunde fangen ein jämmerliches, unheimliches Geheul an. Vielleicht klang es mir nur damals so, vielleicht klang es wirklich wie ein Heulen der russischen Steppenhunde. Wahrscheinlich fühlten die Hunde diese riesige Einsamkeit. Ich laufe in ein Bauernhaus direkt an dem Weg. Leer! Kein Mensch, alle sind fort! Eine rasende Angst packt mich. Sind die Kinder noch da? Ist meine Mutter noch da?

Schließlich bedecke ich die Pferde, laß die Hunde beim Wagen und gehe zu Fuß. Es sind zwei bis drei Kilometer. Ich nehme nur den Rucksack und habe meine beiden Revolver. Der kleine ist noch jetzt bei mir, mein treuester Begleiter. Vom großen besitze ich nur noch das Magazin. Das nächste Haus: Leer! Ich fange an zu laufen, der Rucksack ist steinschwer. Die durchgefahrenen Nächte ohne Essen, ohne Trinken machen sich bemerkbar. Schließlich Stimmen! Ich rufe. Aber nur das Echo antwortet. Ich rufe wieder und höre immer nur das Echo. Ich laufe, ich glaube laut betend. ,Lieber Gott, mach', daß die kleinen Lieblinge noch da sind! Lieber Gott mach', daß meine Mutter noch da ist, die Kleinen nicht schon fort sind'. Endlich Menschen! Zwei Polenmädchen und ein Mann. ,Ist Schwarzendorf noch da', ist meine heiser stürmische Frage. ,Die fahren gleich', sagen sie. Aber sie erkennen mich. Gott sei Dank! Sie wissen, wer ich bin. Ich gebe ihnen meinen Rucksack und laufe los. Der Pelz wird zu schwer. Ich werfe auch ihn den Mädchen hin. Mit dem Revolver in der Hand laufe, nein renne ich, als wenn's ums Leben ginge. ,Wenn nur die Kleinen und meine Mutter noch da sind!' Endlich Schwarzendorf. Die Treckwagen stehen noch vor der Tür!''

Während die Trecks aus den ländlichen Gebieten bereits nach Westen zogen, waren die Deutschen — auch oder sogar vor allem die Baltendeutschen — die in den Städten eine neue Heimat gefunden hatten, völlig sich selbst überlassen. Der aus Kurland stammende Buchhändler Wilhelm Unverhau erinnert sich an die Flucht aus Gnesen.

„Wir hatten neben dem Radio eine ziemlich genaue Karte hängen und steckten immer die Fähnchen der näherrückenden Front ab. Doch wie das so war damals, je näher irgendwo eine Front rückte, um so weniger genau waren die Nachrichten. Eines Nachts wachte ich auf, und da gewitterte es. Ein Wintergewitter sozusagen. Ich fuhr erschreckt hoch und stellte fest, daß es Schüsse waren. Artillerie und dazwischen glaubte ich in meiner Aufregung, auch schon Maschinengewehre zu hören. Ich weckte meine Mutter und unsere Familie, und wir waren im Moment ratlos. Wir beschlossen, daß ich sofort zum Bahnhof laufen sollte, um zu schauen, ob man irgendwie fliehen konnte. Es war bis dahin trotz näherrückender Front absolut verboten, an irgendeine Flucht- oder Absetzbewegung zu denken. Das einzige, was wir hatten machen können, war, daß wir verschiedene Sachen bereits an die Adresse eines Guts in Sachsen, an entfernte Bekannte von uns, geschickt haben. Wir hatten vor, im Falle einer notwendigen Flucht uns bis nach Sachsen durchzuschlagen.

Ich rannte aufgestört, ich war ja immer noch relativ jung, zum Bahnhof, und bereits auf der Straße erfaßte mich eine gewisse Panik, weil ich annahm, deutsche Soldaten würden bereits ihre Fahrzeuge verbrennen. In Wirklichkeit standen dort Auto- und Panzerkolonnen, und die Landser versuchten mit Hilfe von kleinen Feuerchen ihre Autos wieder in Gang zu bringen. Aber in dieser schrecklichen Nacht schien mir alles aufregend und gespenstisch. Als ich am Bahnhof ankam, stellte sich heraus, daß bereits der Fahrplan außer Kraft war. Es fuhr auch gerade ein Zug ab, in den sich noch in Windeseile einige in braune Uniformen gekleidete Menschen mit sehr eleganten Koffern warfen. Ich rannte zurück zu meiner Mutter und erzählte ihr das. Wir telefonierten in der ganzen Stadt mit unseren

Freunden und Bekannten herum und überlegten, auf welche Weise es vielleicht doch noch gelingen könnte, zu fliehen. Es stellte sich dann heraus, inzwischen hatte sich das Frontgewitter gelegt, daß nun die Flucht sozusagen freigegeben war, und daß in der Tat vom Bahnhof Gnesen noch Züge abgehen sollten. Ein Teil unserer Verwandten bestieg einen Personenzug, der in nördlicher Richtung fuhr. Von diesem Zug hat man meines Wissens nie wieder etwas gehört. Wir aber standen vor einem Güterzug. Es war damals ein sehr kalter Winter, wie man sich noch erinnern wird. Der offene Güterzug war zur Hälfte mit Schnee gefüllt. Es war keiner da, der diesen Schnee noch hätte entfernen können. Wir enterten also diesen Zug. Aber meine Mutter weigerte sich, mit ihren Kindern und ihrer Mutter dort einzusteigen. Mein Bruder war noch klein, der lag noch im Kinderwagen. Der Bahnhofsvorstand jedoch sagte meiner Mutter: ‚Gnädige Frau, ich nehme an, das ist der letzte Zug, der von hier abgeht. Ich glaube nicht, daß sie mit einem Treck besser bedient sein werden‘.''

Es war in der Tat der letzte Zug. Die meisten im Wartheland angesiedelten Deutschen aber hatten gar keine Möglichkeit, einen früheren Zug zu nehmen oder die Flucht rechtzeitig anzutreten. Die Flucht war unter den damaligen politischen Zeitumständen nicht allein verpönt, sie war verboten und wurde bis zu einem gewissen Grade sogar unter Strafe gestellt. Daher blieben viele Deutsche in ihren Häusern, auf ihren Höfen oder Gütern, bis es zur Flucht schon beinahe zu spät war. Sie waren — wie die Baltendeutsche Irene Maas es ausdrückt — schutzlos einem unbarmherzigen Schicksal ausgeliefert.

„Im Januar 1945 wußte man schon, es geht zu Ende. Mein Vater hatte einige Kisten bauen lassen, falls man flüchten muß, daß man etwas mitnimmt. Es war fast komisch, es wurde immer unheimlicher. Man mußte ja warten, bis der Befehl zum Flüchten kam. Mein Vater sollte Treckleiter sein, falls die Flucht stattfinden würde. Eines Tages sagte er, es werde ihm so unsicher. Man hörte schon aus der Ferne bereits Kanonenschüsse. Die Russen waren schon sehr nah. Da wollte er, daß meine Mutter und ich nach Posen fahren. Das lag näher an der altdeutschen Grenze, und da hatten wir Verwandte. Man mußte damals eine Erlaubnis haben, um mit der Bahn längere Strecken fahren zu dürfen. Mein Vater und ich fuhren in das nächste Städtchen. Wir haben die Fahrkarten noch gekriegt für den nächsten Tag, für meine Mutter und mich. Aber da war schon der Amtskommissar nicht mehr da, die Post war schon geschlossen, die Sparkasse auch — alles zu. ‚Das ist aber sonderbar', sagte mein Vater. ‚Da sind diese Parteigenossen und diese hohen Tiere alle schon weg, und uns hat noch niemand Bescheid gesagt.'

Wir wollten am nächsten Tag mit dem Zug weg. Aber nachts kam mein Vater zu mir, klopfte an die Tür und sagte: ‚Wir müssen weg, die Russen sind schon ganz nah.' Da wurden die Wagen gepackt, und dann ging es ab in Eis und Schnee und im Grunde genommen Hals über Kopf. Keiner wußte richtig wohin. Es war grauenvoll. Wir waren mit anderen Kleinbauern aus unserer Nähe zusammen. Da sind wir dann in Richtung Westen gefahren. Deutsches Militär sah man überhaupt nicht. Ab und zu nur irgendeinen Meldereiter. Wenn die kamen, sagten sie immer: ‚Beeilen Sie sich, beeilen Sie sich! Die Russen sind gleich da! So ging es sieben Tage und sieben Nächte lang. Es war grauenvoll. Das kann man überhaupt nicht beschreiben."

Schließlich bekam der Treck dieser baltendeutschen Familie dann doch auf bittere und bedrückende Art zu spüren, daß er viel zu spät aufgebrochen war.

„Wir sind gekommen bis in die Gegend von Czarnikau an der altdeutschen Grenze. Da wollte mein Vater, daß die Pferde sich ausruhen. Die waren ja auch hungrig und mußten zwischendurch gefüttert werden. Ich hab' ihn jedoch immer wieder angefleht: ‚Wir wollen keine Pause machen!' Ich hatte einfach Angst. Die letzte Nacht sind wir dann eingekehrt und haben auf einem Bauernhof übernachtet. Da waren alte Menschen da, Sieche, Kranke und Babies, die halb erfroren waren. Es war ein Chaos.

Flüchtlingselend in Deutschland nach 1945

Am nächsten Morgen sind wir losgefahren. Da sagte mein Vater: ,Ist doch gut so, die Pferde haben ausgeruht und wir auch! Wir fuhren und kommen durch einen Wald. Da lagen tote Männer so am Straßengraben. Ich sagte noch: ,Was ist das bloß?' ,Wahrscheinlich von Partisanen erschossen,' sagte mein Vater. Sonderbar war, die hatten alle die Stiefel ausgezogen.

Da knallten Schüsse durch den Wald. Plötzlich hörten wir ein Rauschen von schweren Lastautos. Wir schauten uns um. Drei Autos mit Russen. Da blieb uns fast das Herz stehen. Wir waren im Moment wie versteinert. Die fuhren zunächst an uns vorbei. Es waren noch zwei oder drei Flüchtlingswagen mit uns geblieben. Die Russen stiegen vom Wagen, und einer kam direkt zu meinem Vater und sagte auf deutsch: ,Steigen Sie runter!' Er riß ihm den Pelz auf und nahm ihm die Uhr gleich ab. Wir hatten noch einen Kleinbauern, der mit uns immer mitfuhr. Der hatte so schwache Pferde. Er hielt uns auf, und wir haben unsere Pferde vorgespannt und ihn gezogen. Dieser Bauer war ein Parteimann. Er hatte sich aber Lumpen angezogen. Inzwischen fragten die Russen meinen Vater: ,Was sind Sie?' ,Ich bin Baltendeutscher!' Dann fragte der Russe den Bauern: ,Was sind Sie?' Und der antwortete: ,Ich bin Pole'. Da hat der Russe ihm nichts getan. Meinen Vater und noch zwei andere haben sie dann einfach weggeführt. Er guckte nochmal so zu uns zurück, zu meiner Mutter und mir. Meine Mutter konnte russisch sprechen. Aber man kann das nicht beschreiben. Man konnte kein Wort mehr reden. Man war völlig geschockt und wie versteinert. Mein Vater guckte noch, drehte sich zu uns um, und dann hörten wir Schüsse knallen und sahen ihn so im Schnee umfallen. Wir wollten uns dann erheben, sehen, ob er tot war. Da haben sie schon unsere Pferde mit Peitschen zurückgejagt, und wir fuhren zurück, also in die Dunkelheit. Wir wußten, alles war aus, gefangen in der Fremde, der Vater tot. Dann kam ein Dorf, und da hörten wir einen Mann deutsch sprechen. Dem erzählte meine Mutter, was passiert war. Da sagte er: ‚Fahren Sie ins nächste Dorf. Da ist mein Bruder geflüchtet. Da können Sie einkehren im Bauernhof!''

Ähnliche, wenn auch vielleicht nicht ganz so dunkle Schicksale mußten die Deutschen aus dem Buchenland erdulden. Ein Großteil von ihnen war im Herbst und Winter 1940 dem Aufruf der Umsiedlungskommission gefolgt und hatte die Heimat am Rand der Waldkarpaten verlassen. Diese Deutschen fanden überwiegend Aufnahme in Westpreußen, im Wartheland und in Oberschlesien. Einige von ihnen suchten aber auch eine neue Heimat in Elsaß-Lothringen, im Sudetenland oder in der Steiermark. Die meisten dieser Deutschen aus dem Buchenland hatten jedoch keine neue Heimat gefunden, sondern nur eine Art Zwischenstation nach dem Verlust ihrer alten Heimat. Vor allem für den Bevölkerungsanteil, der im Osten Deutschlands Zuflucht gesucht hatte, zeigten sich allzubald die Zeichen eines neuen Aufbruchs, als die Front im Winter 1945 zusammenbrach. Diesmal aber gab es nicht wie 1940 im Buchenland Zweifel über die Sinnfälligkeit der Umsiedlung. Diesmal gab es nur ein Ziel: die Flucht, die Rettung des nackten Lebens.

Eine Buchenlanddeutsche, Frau Zelgin, erinnert sich:

„Es war schon unheimlich, wenn man den Kanonendonner immer näherkommen hörte im Januar 1945. Ich hatte einen guten Bekannten im Landratsamt, und der hat mir gesagt: ‚Schau, daß Du wegkommst!' Ich wollte nach Österreich, weil ich da Verwandte hatte, hatte auch alles in die Wege geleitet, aber das ging dann nicht mehr. Wie ich wegfahren wollte, hieß es, der Zug Warschau-Wien geht nicht mehr. Da habe ich es halt anders versucht und bin dann zur Partei gegangen. Aber da war auch nicht viel zu holen. Die hatten mir gesagt, — ich hatte einen gelähmten Vater: ‚Wenn Sie Ihren Vater selbst zur Bahn bringen können, dann können Sie mit den Transporten fahren.' Also das waren schon harte Zeiten, ein gelähmter Mann und zwei kleine Kinder. Mein Vater sagte damals: ‚Fahr' mit den Kindern, laß' uns hier zurück'.''

Nur die wenigsten Frauen, denen damals die ganze Sorge um die Familie aufgebürdet war, wußten beim Beginn der Flucht, ob sie ihre Männer jemals wiedersehen würden. Es galt, erst einmal die Familie in Sicherheit zu bringen. Theresia Bodnaruk, damals dreiunddreißig Jahre, Mutter von zwei Kindern, schildert ihre Flucht aus Oberschlesien mit den Worten:

„Am 24. Januar bin ich weggeflüchtet mit dem letzten Zug. Meine Mutter war schwer krank, sie ist im Bett gelegen, und wir haben sie müssen herausheben und auf den Schlitten draufsetzen, weil es bis zur Bahnstation zu weit war. Da waren im Zug die Scheiben ausgeschlagen. Aber es war noch gut! Es waren Offiziere, Deutsche da, und die haben die Kinder in ihre Pelze gewickelt. Ein Kind war 6 Monate alt, und das hab' ich in Decken gepackt. Ein Mädel war 9 Jahre alt, die hat nur Schultasche und Mantel gehabt. Ich hab' auch nur fürs Kind die Flascherl mit Milch mitgehabt, sonst haben wir nichts gehabt. Da ist dann ein Tscheche gekommen — das war das Schönste — der hat mir gesagt, warum tu' ich nicht das Kleine, das ich da halte, unter die Räder schmeißen.' ,A' deutsches Kind, was nimmst Du es mit?' Sag' ich: ,Ich bin ja deutsch, ich bin ja die Mutter!' Als ich geflüchtet war, hab' ich nicht gewußt, wo mein Mann ist, und dann zum Schluß haben wir gehört, wie er gekommen ist, daß er in der Tschechei war, in der Gefangenschaft."

Diese Familie hatte jedoch Glück. Sie fand nach der Flucht und dem Kriegsende wieder zusammen. Wie überraschend für zahllose Buchenlanddeutsche der Tag der Flucht — der Tag der zweiten Heimatlosigkeit kam, das verdeutlicht ein anderes Beispiel. Herta Hargesheimer lebte damals mit ihrer Mutter und ihrer Schwester im oberschlesischen Sosnowitz.

„Die Kanonen hörte man schon wie hinter den Häusern grollen. Ich arbeitete im Rathaus und wurde zum Oberbürgermeister um zwei Uhr gerufen, um den Jahresvoranschlag für die Stadtgärtnerei bis fünf Uhr vorzulegen. Da fragte ich ihn: ,Und was ist mit dem Donner, mit den Kanonen?' Der hat mich nur angeschaut: ,Ich wünsche!' Ich bin gegangen, und im Büro haben wir die letzte Flasche Cognac, die noch da war, leer gemacht. Nach vier Uhr rief der Herr Oberbürgermeister wieder an: ,Sofort nach Hause, in anderthalb Stunden geht der letzte Zug von Sosnowitz, nehmen Sie, was notwendig ist, und fort!'

Gesagt, getan. Ich lief nach Hause, meine Mutter hatte vorsichtshalber schon eine Pastete im Ofen, einen Braten im Rohr, und das ließen wir dem Hausmeister. Ich nahm nur noch eine Flasche Schnaps, und damit zogen wir weg. Das war eine Abfahrt von Sosnowitz in unbekannter Richtung. Dauernd wurden wir ausgeladen, eingeladen, bis wir in die Tschechei gekommen sind. Es waren aber alles verlassene Wohnungen, wo wir übernachten konnten. Dann kam plötzlich nach vielen Stunden ein Eisenbahner daher. Der war entsetzt, daß wir so gefroren haben und der Waggon nebenan geheizt war, weil dort die Bonzen saßen. Da wurden wir dann umquartiert und fuhren etwas wärmer weiter.

Weiter bis Prag. Dort wurden zu dieser Zeit alle Hände gebraucht, um gegen die herannahende Front eine Verteidigungslinie aufzubauen. Auch Frauen wurden zu Erdaushebungsarbeiten herangezogen. Die Organisation dieser Arbeiten lag bei der SS.

Nach ein paar Tagen gab es großen Lärm. Da kam die SS anmarschiert, um mich und meine Schwester abzuholen, weil wir dem Ruf, uns in Prag bei der Dienststelle zu melden, nicht nachgekommen waren. Aber während sie uns noch verhörten und abführen wollten, kam die Post. Da war alles geklärt.''

In dieser Post, dem Brief, stand zu lesen, daß die Familie Hargesheimer gute Kontakte zum Bürgermeister von Sosnowitz hätte. Dieses Zeugnis reichte der SS aus, und so blieb den Frauen aus dem Buchenland der Arbeitseinsatz erspart. Aber es gab auch andere Deutsche, Buchenlanddeutsche, die im Winter 1944/45 zunächst nicht glaubten oder nicht glauben konnten, daß ihre neue Heimat auch wieder verloren war. Siegfried Brugger berichtet:

„Da kam einer meiner Betriebsführer, es war nicht einer der Gefolgschaftsmitglieder, war sogar ein Jacobiner Zimmerer, ein gewisser Krieger, zu mir ins Büro und hat gesagt: ,Herr Brugger, ich möchte mich verabschieden.' Worauf ich fragte: ,Wer hat sie denn beurlaubt?' Da sagte er: ,Sie scheinen nicht zu wissen, der letzte Zug geht um zwei Uhr Nachmittag. Wir werden evakuiert.' Darauf ich: ,Das ist aber schön. Ich habe keine Ahnung davon. Mich hat kein Mensch verständigt'."

Damit begann auch für diesen Deutschen aus dem Buchenland die Flucht, die Zeit der zweiten Heimatlosigkeit.

„Wir kamen von Tetschen nach Oderberg. In Oderberg war die Katastrophe noch größer. Die Leute, die Flüchtlinge, hingen wie die Trauben am Zug. Es war unmöglich, daß ich meine Frau allein ließ mit den Kindern. Da hab' ich sie bis Breslau gebracht. In Breslau kamen wir gerade nach einem kurzen Luftangriff an. Der Schnee lag fast einen Meter hoch. Wir mußten dann mit dem Handgepäck, das wir hatten und das nicht leicht war, in dem Schnee tippeln. Schließlich konnten meine Frau und die Kinder nicht weiter. Da bin ich dann mit einem Sohn und dem kleinen Kind auf dem Arm in das Haus gegangen, wo wir untergebracht werden sollten."

Die Flucht dieser Familie aber war noch nicht zu Ende. Ahnten diese Deutschen eigentlich, wohin sie ihr Schicksal trieb?

„Wir haben gar nicht überlegt, ob wir uns jemals in dem Chaos wiederfinden würden. Ich blieb stehen, hab' an einer Litfaßsäule meine drei Adressen gegeben: eine in Halle, eine in Berlin und eine in Konstanz am Bodensee. Ich hab' das aus dem Kopf aufgeschrieben, habe mir gesagt, irgendwo werden wir uns finden. Meine Frau war auf der Flucht schon krank, und ich sagte ihr, als ich sie in Breslau verließ, sie möchte ins Krankenhaus gehen. Zum Glück ist sie nicht gegangen und wurde dann von dort bei dieser großen Kälte damals mit den Kindern auf einem offenen Trecker bis Dresden gebracht."

Einen Tag vor den Bombenangriffen der Alliierten auf Dresden verließ diese Familie aus dem Buchenland die Elbstadt und zog in Richtung Bayern. Wußten diese nun zum zweiten Male vertriebenen Deutschen endlich, wohin die Reise ging?

„Die haben uns nichts gesagt, als man uns diese Plätze anwies. Wir waren in einem Gymnasium, das geräumt wurde, im Zimmer untergebracht, zu 18 Personen in einem Saal. Da haben wir auf Strohdecken geschlafen, haben eine schwarze Decke bekommen unter uns und eine über uns und Kissen aus Stroh. Und das war eben alles."

Ein halbes Jahrzehnt der Zwischenstation, aber auch der vagen Hoffnung, ging damit für viele Buchenlanddeutsche zu Ende. Erst nach dem Ende des Krieges, nach Umsiedlung und Flucht, nach Leid und Demütigung, fanden viele — aber nicht alle von ihnen — im Westen Deutschlands eine neue Heimat und Ruhe nach der Flucht.

Flucht und Vertreibung
Schicksale der Pommern, Ostpreußen, Schlesier und Sudetendeutschen

Jochen Düring, Hans-Ulrich Engel, Franz Kusch
Hans Lützkendorf und Walli Richter

Vor nunmehr vierzig Jahren brach über die Deutschen, die in Ostpreußen, in Pommern, in Schlesien und im Sudetenland beheimatet waren, ein unnennbares Leid herein: Das Leid der Flucht und später — nach dem Ende des Krieges — das mit vielen Unmenschlichkeiten, mit Torturen und Demütigungen verbundene Leid der Vertreibung. In der letzten Predigt, die der Pfarrer des ostpreußischen Dorfes Groß Schwansfeld in der Kirche seiner Gemeinde hielt, klang schon eine Andeutung dessen an, was die Ostdeutschen zu erwarten hatten. Pfarrer Wilhelm Schmidt rief seiner Gemeinde damals die ahnungsvollen Worte zu:

„Wir können jetzt an den Grenzen unserer Heimatprovinz so oft hören: ‚Gott wird uns schon nicht verlassen.' Aber unsere Auffassung von dem ‚Nicht-Verlassen-Sein' kann eine ganz andere sein, als sie Gott darüber besitzt. Bei Gott heißt dieses ‚Nicht-Verlassen-Sein' vielleicht ‚Heimsuchung'."

Diese Heimsuchung kam für viele Ostdeutsche ganz überraschend, denn vom Herbst 1944 bis in die ersten Januar-Tage des Jahres 1945 hinein hatte es an der Ostfront keine nennenswerten Bewegungen gegeben. Um so bestürzender war dann die Erkenntnis, daß sich mit Beginn einer Großoffensive die Rote Armee rasch näherte. In den meisten Städten und Dörfern der ostdeutschen Provinzen und Siedlungsgebiete lebten damals fast nur noch Frauen, Kinder und alte Männer. Alle Männer, die in der Lage waren, eine Waffe zu tragen, standen an der Front oder waren zum Volkssturm einberufen.

Daher konnten die oft buchstäblich in letzter Stunde bekannt gegebenen Räumungsbefehle meist nur von Müttern und deren

Kindern befolgt werden. In übereilter Hast wurden die Koffer gepackt und die Pferdewagen beladen. Eine sorgsam vorbereitete Räumung fand — von einigen wenigen Ausnahmen abgesehen — an keinem Ort statt, vor allem auch deshalb nicht, weil die Partei und die Behörden immer wieder beteuerten, es gäbe keinen Grund zur Panik. Als zusätzliche Belastung der spät — allzuhäufig zu spät — angetretenen Flucht erwies sich auch der harte Winter. Darüber hinaus waren Straßen und Wege wieder und wieder durch Kolonnen der Wehrmacht verstopft. Nicht selten wurde dabei den Trecks die Durchfahrt verweigert. Wer damals dabei war, hat die Eindrücke dieser dunklen Zeit bis heute nicht vergessen.

Die aus dem Ermland — also aus Ostpreußen — stammende Edith Freie hat die Flucht als Kind erlebt. Aber sie kann sich an die Ereignisse von damals noch heute — nach dem Abstand von vierzig Jahren — genau erinnern.

„Ich erinnere mich noch gut an den Gang über das Haff. Es bildeten sich automatisch zwei Trecks; einmal die Leiterwagen, die Planwagen, die vornehmen Kutschen, und eine zweite Gruppe, das waren die Fußgänger, und dazu gehörten wir. Wir waren ja nun eine große Gruppe, und uns wollte eigentlich keiner mitnehmen; denn die Wagen, die waren alle überladen, und da hat meine Mutter uns, das weiß ich also noch heute, nacheinander an einer Kordel an ihren Koffer angebunden, damit wir Kinder nicht verlorengehen. Woran ich mich auch noch sehr deutlich erinnere, das war eine grausame Szene. Teilweise waren ganze Fuhrwerke eingebrochen im Haff, die Pferde und die Menschen. Die hingen also schreiend im Wasser, und die Leiber der Pferde guckten halb heraus. Das habe ich eigentlich noch ziemlich klar vor Augen, muß ich sagen. Wir sind einen ganzen Tag übers Haff gegangen zu Fuß, alle hintereinander. Das müssen ungefähr so gute 30 Kilometer gewesen sein. Wir kamen dann am Abend in Pillau an, und am nächsten Abend sind wir von Pillau mit einem Minensuchboot bis Danzig gefahren. Von Danzig aus fuhren wir dann mit einem Güterzug weiter. Die Waggons waren nur dürftig mit Stroh bedeckt. Da haben wir dicht an dicht gelegen, und da sind wir von Danzig aus über den Polnischen Korridor, Pommern und Mecklenburg bis Schleswig-Holstein gefahren. Bei dieser Fahrt im Güterzug war alles dunkel. Da war natürlich keine Beleuchtung. Es war auch bitterkalt. Ich erinnere mich noch an eine furchtbare Sache: Im Abteil ist ein alter Mann gestorben, der hat die Strapazen nicht überlebt, und den haben sie dann an einem Bahnhof einfach herausgeworfen und auf die Schienen gelegt. Der mußte ja raus aus dem Abteil. In den großen Bahnhöfen hielt der Zug dann an, da stiegen die Leute aus, die Erwachsenen, und dann stellte man sich in langen Schlangen an, und dann wurden wir verpflegt. Im Pommern war das auch so, daß die Bauern Suppe und Kartoffel-, Pellkartoffel- und Haferflockensuppe an den Zug brachten. Aber meine Mutter, die ließ uns Kinder nie raus. Nur sie und meine älteste Schwester stellten sich an, weil da ein furchtbares Gewühle war. Wir waren fast acht Tage unterwegs. Wir kamen dann in Glückstadt an der Elbe am 25. Februar an. Meine Mutter war sehr auf sich selbst angewiesen, und ich muß ehrlich sagen, im Nachhinein finde ich, daß das eine unheimliche Courage und eine große Tat war, was sie so geleistet hat, diese Entschlußfähigkeit, mit uns sechs Mädchen da wegzugehen."

Auch der Schriftsteller Arno Surminski, der sich nicht allein bei seinen ostpreußischen Landsleuten durch seine Romane über ostdeutsche Flüchtlingsschicksale einen Namen gemacht hat, erlebte das Kriegsende als Kind. Er stammt aus einem kleinen Dorf im Kreise Rastenburg. Von dort aus brachen seine Eltern mit ihm in einer Spanne trügerischer Ruhe zur Flucht auf.

„Das war ein Tag! Es war ganz still, vom Krieg weit und breit nichts zu hören. Da brachen wir dann auf, auf zur Flucht. Vorher kamen ein paar deutsche Soldaten durch das Dorf, und die sagten: ‚Was, seid Ihr immer noch hier?' Wir hatten also das Gefühl, in einem Niemandsland zu leben, vor uns war nichts mehr, hinter uns nichts mehr.
Am späten Nachmittag ging das dann los, das ganze

Dorf geschlossen in einem Treck. Die Bauern stellten für ihre Arbeiter Wagen zur Verfügung und das Gut auch für die Arbeiter. Es blieb also niemand zurück. Wir wagten uns nicht auf die große Chaussee nach Westen, weil die offizielle Erlaubnis zur Flucht noch nicht gegeben worden war. Deshalb fuhren wir einfach Feldwege durch die Wälder und Felder. Es ging dann zwei Tage hindurch weiter, und dann machten wir Rast auf einem großen Gutshof. Man hätte, wenn man das im Nachhinein bedenkt, eigentlich weiterfahren sollen, aber die Menschen glaubten daran, daß es wieder zurückgehen würde. Sie hatten Erinnerungen an den Ersten Weltkrieg, da war es ja auch zurückgegangen nach der Flucht. Außerdem hatten sie ihre Tiere zu Hause zurückgelassen. Es war im Januar bitterkalt, das ganze Vieh lief auf den Schneeflächen herum, Schweine, Hühner, Gänse, alles war zurückgeblieben, und gerade die Landbevölkerung hing doch sehr an diesen Dingen. Deshalb hoffte jeder, daß es bald wieder zurückgeht.

Das war dann natürlich nicht der Fall. Eines Morgens mußten wir überstürzt aufbrechen, kamen in eine kleine Stadt, in der ein Verpflegungslager der Wehrmacht aufgelöst wurde. Das wurde uns dann auch zum Verhängnis, daß wir da noch etwas abbekommen wollten, ein paar Kekse und Süßigkeiten. Wir hielten uns etwas zu lange auf, und dann hörten wir schon das Gewehrfeuer vom Stadtrand und wurden praktisch abgeschnitten. Wir kamen nicht mehr auf die Straße rauf. Die russischen Soldaten kamen zu uns auf den Acker. Alle mußten absteigen vom Wagen. Die Uhren wurden abgenommen. Man fragte nach Waffen, und dann schickte man uns zurück in das Dorf. Da haben wir einen ganzen Tag und eine Nacht in einem großen Haus verbracht.

Das war übrigens auch die Nacht, in der es zu vielen Vergewaltigungen kam. Am nächsten Morgen war dann ein Gegenangriff der deutschen Wehrmacht. Die Russen kamen vorher zu uns und sagten, wir müßten raus, weg nach Osten. An unsere Wagen war nicht mehr heranzukommen. Die waren total zerstört, Pferde gab es auch nicht mehr. So sind wir dann zu Fuß zurückgegangen, ungefähr 100 Kilometer immer gegen den Strom der Roten Armee praktisch, bis in unser Dorf hinein. Da waren wir dann allein, ganz wenige Deutsche nur lebten in diesem Gebiet, den ganzen Sommer über.

Ende 1945 kamen die ersten polnischen Familien in unser Dorf und siedelten sich da an. Es kam dann auch polnische Miliz, die die Deutschen aufforderte, nun das Dorf zu verlassen. Es wurden Wagen gestellt, auch konnte man etwas Gepäck mit transportieren. So kam man in die nächste Stadt, wurde in Güterwagen verladen, und dann hat es 14 Tage gedauert, von Ostpreußen bis Brandenburg mit dem Güterwagen zu fahren.''

Gerade rechtzeitig bevor die Front zusammenbrach, gelang der Ostpreußin Hildegard Warda aus dem Kreise Johannisburg, südlich vom Spirdingsee, die Flucht. Die turbulenten Ereignisse von damals, die sie — hochschwanger und mit drei Kindern an der Hand — durchlitt, sind dieser Frau noch voll gegenwärtg, als wäre das alles nicht vor vierzig Jahren, sondern gestern geschehen.

,,Es ist Mitte Januar 1945. Alles ist eingezogen, mein Mann, die Leute. Die Frauen sind mit Kindern nach Pommern evakuiert. Das Haus ist voller Einquartierung. Es ist ein Kommen und Gehen. Ich wirtschafte mit Fremdarbeitern und Gefangenen, die alle ihr Bestes geben. Ich habe drei Kinder im Alter von zehn, sieben und vier Jahren. Das vierte Kind erwarte ich im April. Alles ist für die Flucht vorbereitet, nur noch die Wagen waren zu beladen.

Aber ohne Befehl von oben dürfen wir den Hof nicht verlassen. Das Schießen wird lauter, die Spannung größer. Am Freitag, den 20. Januar, kommt der Befehl. Am Sonntag geht der Treck los. Der Treckweg ist vorgeschrieben, aber am Sonnabend brennt schon Johannisburg, und wir können am Sonntag in der Früh nur noch über die Wiesen und Wälder herauskommen bis nach Niedersee. Ich habe fünf Wagen, den Trecker haben wir schon verloren. Hier ist alles gerammelt voll. Die Nacht ist dunkel, nur Stimmengewirr, erregt und voller Angst. Keiner glaubt mehr an ein Herauskommen. Aber ich denke an meinen Mann und bin fest entschlossen, so lange zu fahren, wie es nur möglich ist. Mein Wagen hat der Franzose gefahren, und die anderen Wagen sind von einem Ukrainer und zwei Polen gefahren worden. Auf den dritten Wagen hatte sich noch ein Pole aus dem Ersten Weltkrieg von den Nachbarn heraufgesetzt, die fuhren meinen vierten Wagen. Wir hatten bis Rössel alle Wagen. Da wurden wir drei Tage aufgehalten. Dort kamen wir nicht mehr durch die Stadt. Wir mußten mit einem Wagen ausbrechen und querfeldein fahren, und die anderen Wagen habe ich auf diese Art und Weise verloren.

Wir sind nur durch Glück herausgekommen. Wir fuhren durch den Graben, und der Franzose fuhr. Ein Soldat sprang und hielt die Pferde an. Da sagte ich: ‚Paul, fahr!' Und er sprang auf, nahm die Peitsche, zog sie dem Soldaten über die Hand, der erschreckt losließ, und wir galoppierten querfeldein. Die Soldaten schossen wohl noch nach. Aber ich bin überzeugt, sie wollten uns nicht treffen. Das war unsere Wehrmachtspolizei, die überall Wache stand."

Frauen und Mütter trugen überwiegend die schwere Last der Flucht. Die Sorge galt den Kindern. Auch Gertrud Triebe aus Tilsit gehört zu den Frauen, die in dieser Zeit versuchten, ihre Kinder heil durch das Chaos zu bringen. Sie geriet zunächst nach Braunsberg an der Passarge und konnte ihre Kinder und sich noch in letzter Minute auf einen gerade abfahrenden Wagen des Volkssturms retten.

„Da sind wir dann auf den Wagen aufgesetzt vom Volkssturm und fuhren los. Nichts, gar nichts konnten wir mitnehmen, und so ging das dann los! Wir sind dann gefahren bis Passarge, das liegt am Frischen Haff, und da warteten wir zwei Nächte und zwei Tage am Haff. Fußgänger kamen ja viel schneller herüber. Da stand ein Soldat. Wir hatten da gerade so gehalten, und da hab' ich dem gesagt: ,Hören Sie, wie weit ist es noch bis Kahlberg?' Da sagte er: ,Steigen Sie hier runter. Hier kommen Schiffe mit Verwundeten. Die nehmen aber auch Flüchtlinge mit.' Da habe ich gesagt: ,Ich habe hier sechs Kinder.' Und da hat er geantwortet: ,Wenn ich Ihnen das sage, können Sie mir das glauben.'

Da habe ich mich selbständig gemacht. Da bin ich dann runter, und haben wir noch zwei Decken vom Wagen mitgenommen gehabt. Der Soldat hat uns in eine große Halle gebracht. Wir waren nur kurze Zeit in der Halle drin, da gingen schon die Schiffssirenen, und es dauerte nicht lange, da kamen dann die Matrosen und haben die Verwundeten mitgenommen auch und die Flüchtlinge mit den Kindern.

Wir hatten die Tage trübes Wetter, und da hatten wir auf dem Schiff keine Angriffe. Aber als wir auf der Nehrung waren, da haben wir dann gesehen, was bei Sonnenschein geschah. Da hat der Russe angegriffen, und da habe ich dann erlebt, wie die Pferde scheuten. Die war immer abgesteckt, die Fahrtroute. Da scheuten die Pferde, und da sind sie, wo schon Bombentrichter waren, vielleicht von Eisschichtchen bedeckt, da sind die in die Bombentrichter gefallen — und weg waren sie. Mit Mann und Maus und Wagen und Kindern und älteren Leuten. Das hab' ich dann von da aus alles gesehen. Na ja, und so kamen wir mit dem Schiff dann herüber bis nach Danzig-Neufahrwasser. Ich war sehr ruhig, und das überträgt sich auf die Kinder. Viele Kinder haben geschrien und geweint. Unsere Kinder waren ruhig. Die haben sich um mich herumgesetzt. Die haben nicht geweint und nichts. Da hab' ich mich eigentlich so ein bißchen den Soldaten gewidmet, die Bauchschüsse hatten und alle lange nicht mehr versorgt waren. Da bin ich dann da'mal Händchenhalten gegangen.

Später wurden wir ausgeladen, das war auch abends, und so kamen wir dann in den Polnischen Korridor, Karthaus hieß das damals. Dann kamen wir in ein Massenlager in die Schule. Mit den Kindern war das dann immer schwierig. Wir mußten jeden Tag zehn Kilometer nach Brot und Essen gehen und so. Wir haben uns das immer aufgeteilt mit Lebensmittelkarten und so. Da hatte ich Schwierigkeiten. Dann bin ich zum Bürgermeister gegangen und habe gefragt, ob ich nicht ein Einzelquartier bekommen kann. Da hab' ich ein Einzelquartier gekriegt bei einer polnischen Familie. Da bin ich sehr sehr gut aufgenommen worden. Die hatten gleich ein Zimmer mit Stroh ausgelegt und Decken zur Verfügung gestellt, und so einen großen Topf Kohlsuppe hatten sie auch gleich da. Und da blieb ich denn. Am 3. März sind wir in Stade in Holstein angekommen."

Unzähligen Flüchtlingen aber wurde durch den raschen Vorstoß der Roten Armee der Weg nach dem Westen abgeschnitten. Für sie blieb nur die Möglichkeit, über Pillau oder das Eis des Frischen Haffes und die Nehrung in Danzig oder Hela einen rettenden Platz auf einem Schiff zu finden. Rund zweieinhalb Millionen Ostdeutsche wurden damals auf dem Seewege im wahrhaft heldenmütigen Einsatz der deutschen Marine auf Handels- oder Passagierschiffen, aber auch auf den verschiedensten Einheiten der Kriegsmarine gerettet.

Vielen Deutschen aber brachte diese Rettungsfahrt über die Ostsee den Tod. Am 30. Januar 1945 stach der frühere KdF-Dampfer ,,Wilhelm Gustloff" mit 6.600 Personen an Bord — darunter über 5.000 Frauen und Kinder — in See. Wenige Stunden später war die Mehrzahl dieser Deutschen tot, in grimmiger Kälte in den eisigen Fluten der Ostsee ertrunken, nachdem die ,,Wilhelm Gustloff" von mehreren sowjetischen Torpedos getroffen, gesunken war. Die Zahl der Opfer — Frauen, Kinder, Matrosen — wird auf annähernd 5.000 geschätzt.

Zu den wenigen Geretteten gehört auch eine Frau, die beim Untergang des Schiffes den Mann, ihre zehnjährige Tochter und ihren siebenjährigen Sohn verlor. Diese Frau erinnert sich:

,,21.15 Uhr war das. Da knallte es plötzlich. Einmal, zweimal, dreimal knallte das. Das Schiff lag auch gleich etwas schräge. Wir konnten nicht raus. Die Tür wurde angelehnt. Wir durften nicht raus, weil vorne alles voll war. Wie es sich dann ein bißchen gelichtet hat, sind wir auch hoch. Wir wollten noch höher, durften aber nur einen Stock hoch. Wir kamen auf das untere Promenadendeck. Wie wir da raufkamen, war alles voll. Da hab' ich noch gesagt: ‚Was sollen wir denn bloß? Hier kommen wir doch nicht raus?' ‚Ach, beruhige Dich mal', sagte mein Mann, ‚wir werden schon rauskommen.' Da hatten wir ein Fenster oben, so ein schmales Fenster, das war offen. Da haben wir dann gestanden, schräge natürlich, sehr schräge, wir mußten uns krampfhaft festhalten an den Leisten, die Kinder im Arm, jeder ein Kind im Arm.

Der letzte Schub, der durchging, kam mit dem Schrei zurück: ‚Das Wasser kommt, das Wasser kommt!' Na, hab' ich gedacht, nun hörten das die Kinder auch. Da schrien sie, und ich spürte schon das Wasser bis zum Oberkörper, und die Kleine merkte das ja auch schon. Da hat meine Tochter noch so geschrien und hat gesagt: ‚Mutti, Mutti, helf doch, wir sterben!' Da hab ich ihr gesagt: ‚Trautchen, ich kann Dir nicht helfen, wir sterben alle.' Und wie ich das gesagt hab' ‚alle', da lief mir das Wasser über den Kopf, und da war es aus. Da hab ich nur noch gedacht: ‚O Gott, wenn unsere Mutter das nun weiß, wie wir umgekommen sind.' Na und denn, wie ich dann so guckte, dann ist plötzlich der Junge durch das halboffene, kleine Fenster durchgeflutscht, weil das Schiff immer mehr sank. Es wurde ja immer schiefer. Die Leute haben gegen die Fensterscheiben geknallt. Es hat sich nichts gerührt. Sie schrien um Hilfe. Und dann ist der Junge durchgeflutscht, und meine Tochter ist auch so durchgeflutscht. Und dann denke ich: ‚Ach Gott, wie machen wir das bloß?' Und dann in dem Moment ist mein Mann auch durchgeflutscht. Und dann denk' ich: ‚O Gott, helf mir doch?' Dann hab' ich Luft geholt, und dadurch bin ich wohl mit hinaus.

Wir hatten alle Schwimmwesten an. Da bin ich durchs Fenster durchgekommen und hab noch meinen Mann am Fuß festgehalten. Aber in dem Moment hab' ich gedacht: ‚O Gott, laß mal sein.' Denn es heißt ja, in

Es wird alles eingesetzt, um so viele Flüchtlinge wie möglich zu retten.

Todesangst zieht man ja denjenigen noch hinunter. Wir kommen ja alle hoch. Und dann bin ich hochgekommen, genau bei einem Rettungsboot. Und konnt mich da festhalten. Dann kam neben mir ein Mann, der hielt mich mit beiden Händen fest. Es war ja sehr, sehr kalt. Da ist noch ein Mann hochgekommen, und der zog sich ins Boot herein. Da hat ein Matrose gesagt: ,Ich schmeiß Dich wieder zurück. Die Frau hängt draußen.' Da schrie ich: ,Helft mir doch, ich kann mich nicht mehr halten.' Und darauf bin ich reingenommen worden, hab mich zusammengekauert.

Später ist ein Torpedoboot vorbeigesaust, ist immer wieder abgekommen von den Rettungsbooten. Das hat lange gedauert, bis sie mich herübernahmen. Ich war total erfroren. Ich war ein Eisklotz sozusagen. Ein Matrose hat gesagt, die Kleider müsse man vom Leibe schneiden, damit sie mich auftauen. Ich war direkt verkrampft, wie ein Klumpen. Und dann bin ich wohl eingeschlafen. Wie ich aufwachte, hab ich gedacht: ,Ach Gott, Du hast so furchtbar schlecht geträumt. Wir sind untergegangen.' Und dann merkte ich, daß ich in einem Kriegsschiff war. Es hatte eiserne Wände. Die Wände der ,,Gustloff" waren ja getäfelt. Da sprang ich hoch und schrie. Da haben sie mir gesagt, mich haben sie wie einen Eisklotz aufgetaut, als sie gemerkt haben, daß ich noch Leben in mir hab.' Verschiedene haben sie nicht mehr auftauen können. Die waren tot."

Eine andere Frau, die am Tage vor dem Unglück ein Kind geboren hatte, berichtet:

,,Ich war in Gotenhafen, und ich war seinerzeit hochschwanger. Durch zwei befreundete Marinehelferinnen bin ich dann auf die ,Gustloff' gekommen. Das war schwierig, es war nicht so leicht. Jedenfalls war ich schon drei Tage vorher drauf, bevor das Schiff auslief. Die Entbindung war dann am 29., abends um 23.30 Uhr. Nächsten Mittag lief das Schiff aus, um viertel nach Neun krachte es. Ich flog bei den Detonationen gegen die Ecke. Ich lag in einem Etagenbett. Nachdem das Licht ausging, man wurde erstmal beruhigt. Da liefen viele hin und her. Man wurde beruhigt: ‚Liegen bleiben, es passiert nichts!' Zuletzt war ich allein im Zimmer. Da hab ich meinen Sohn aus dem Kinderwagen genommen und in ein Kopfkissen reingepackt. Er trug ein grünes Jäckchen und Mützchen. Dann bin ich bis an den Hauptaufgang gekrochen mit dem Jungen. Da waren unwahrscheinlich viele Menschen. Durch die Masse bin ich dann eben richtig an Deck geschoben worden. Oben hat man mir den Jungen abgenommen und hat gesagt, ich sollte über eine Strickleiter klettern, weil das Boot nicht mehr da war. Es lag schon auf dem Wasser. Ich bin über die Strickleiter geklettert. Meinen Jungen hab' ich dann nicht mehr gesehen. Nachdem wir dann zwei Stunden auf dem Wasser waren, kam die ‚Löwe' und hat uns immer einzeln an Bord gezogen. Auf dem Schiff wurde noch ein Kind geboren. Da fragte ich nach meinem Kind und sagte: ‚Es hat ein grünes Jäckchen und Mützchen.' Es war tatsächlich da. Da hab' ich den Jungen auf der ‚Löwe' wieder gefunden."

Einer der wenigen geretteten Matrosen konnte das ganze grausige Ausmaß des Infernos auf dem sinkenden Schiff und den Kampf um ein Rettungsboot oder Floß auf der Ostsee von Bord aus beobachten.

„Die ganzen Flüchtlinge, alles war ja unten. Wir hatten auch etwas Schlagseite. Die haben sich gegenseitig totgetreten. Wir wohnten oben am Oberdeck. Dadurch hatten wir das Glück, daß wir gerettet worden sind. Was wir sehen konnten von außen durch die Scheiben, durch die Bullaugen, das war grauenhaft. Also das kann man gar nicht beschreiben. Das war nur ein Knäuel und ein Wirbel von Menschen."

Was sich an Bord und hernach in den eiskalten Fluten zutrug, schildert eine Überlebende mit den Worten:

„Wir waren zwei Geschwister, und wir waren bis zum letzten Moment zusammen auf dem Schiff. Und dann merkten wir, daß wir nicht mehr heraus konnten. Wir waren auf dem unteren Promenadendeck. Da sind ganz große splitterfeste Fenster. Wir versuchten, die auszuschlagen, mit den Schuhen, die ich noch anhatte. Aber das ging nicht. Dann kam ein Offizier, schoß das Fenster durch. Da haben wir die Scheiben mit den Händen rausgestoßen, und meine Schwester sprang raus und ich auch. Wir wurden von dem Menschenstrom, der da war, rausgeschoben und waren dann auch gleich unter Wasser. Da dachte ich: ‚Na ja, jetzt ist es zu Ende.' Das Wasser gurgelte einem dann in Mund und Ohren. Aber ich bekam doch wieder Luft. Ich schwamm — ich war ja noch jung und eine gute Schwimmerin. Ich schwamm ein Stück, bis ich ein Floß zu fassen bekam. Dann schwammen wir so herum. Das ganze Meer schwarz von Menschen und kleinen Kindern, denen die Schwimmwesten zu groß waren, mit dem Kopf im Wasser und den Beinen in der Höhe. Von dem Schiff war nichts mehr zu sehen. Man sah Scheinwerfer, und dann sah ich ein Rettungsboot. Dann wollten sie mich nicht mehr reinlassen. Sie schrien: ‚Alles ist voll, keiner kommt mehr rein!' Aber da hab' ich mich reingeschwungen, erst mit einem Bein, und dann zogen sie mich rein. Die Hilfeschreie, die ich vom Wasser hörte, diese Schreie vom tiefsten Herzen aus, die kann man nicht vergessen."

Die Ereignisse von damals wird niemand vergessen — nicht die Ostdeutschen, denen die Flucht auf dem Seeweg gelang; nicht die wenigen Geretteten der torpedierten Schiffe — und vor allem nicht die Deutschen, die einzelne Angehörige oder nicht selten auch ihre ganzen Familien auf den untergegangenen Schiffen verloren. Dennoch — trotz des lebensbedrohenden Risikos — war die Bereitschaft der Ostdeutschen groß, im Januar 1945 und auch später über die Ostsee nach dem Westen zu fliehen. Doch Zehntausende, denen dieser Rettungsweg versperrt blieb, versuchten auf dem Landwege, parallel zur Ostseeküste, abseits der großen Vormarschstraßen sowjetischer Panzer auf Schleich- und Holperpfaden ihr Heil in der Flucht. Zu diesen Flüchtlingen gehörte auch der damals gerade sechzehnjährige Günter Felgentreu. In Stettin geboren und in Stargard aufgewachsen, war er als Minderjähriger noch im Oktober 1944 zur Wehrmacht einberufen worden. Manche seiner nur wenig älteren Klassenkameraden aus Pommern waren in jenen bitteren Tagen bereits an der Front gefallen. Günter Felgentreu berichtet:

„Wir kamen nach einer verhältnismäßig kurzen Ausbildung noch zum Einsatz an die Ostfront und nach einer Schlacht, die wir mit den Russen hatten, wurde ich leicht verwundet, kam dann nach Heringsdorf an die Ostsee in ein Lazarett. Dort suchte man damals tapfere Leute, und wir wollten tapfer sein, das war einfach so unsere Erziehung, daß wir uns freiwillig gemeldet haben zu einem Einsatz, der hinter den russischen Linien stattfinden sollte. Das klappte nicht mehr ganz. Wir wurden wohl noch abgesetzt, aber die anderen haben sich nicht mehr treffen können, so daß wir im Mai 1945 in russische Gefangenschaft gerieten. Da mußten wir Transporte abholen aus dem besetzten Gebiet, wo die Russen Rinder und Klaviere und Fahrräder organisiert hatten. Das wollten sie nach Rußland bringen. Bei solchen Aktionen sind wir dann mit einigen Leuten ausgerissen, haben mit vier russischen Sätzen, die wir auswendig gelernt haben, auch den Weg gefunden und sind heil angekommen in meiner zweiten Heimat, in Stargard in Pommern.

Wir sind dahin in der Hoffnung geflohen, noch im Keller irgendwelche Lebensmittel vorzufinden oder sogar die Eltern vorzufinden. Aber inzwischen hatten die Polen so viel besetzt in dieser Stadt, daß für uns nur ein kleines Getto eingerichtet wurde, wo wir Deutschen leben konnten.

Nach acht Wochen der Ungewißheit wurde dann die große Vertreibung von den Polen durchgeführt. Innerhalb von wenigen Minuten mit Hilfe von Karabinern, mit Schießen, mit Schlägen, mit Peitschen wurde die gesamte Zivilbevölkerung auf die Straße gejagt. Man durfte nur das, was man in den Händen tragen konnte, mitnehmen. All das, was man sich schon wieder besorgt hatte aus den Trümmern, mußte zurückgelassen werden. Auch diese Koffer wurden uns zum Teil noch von den Polen wieder abgenommen. Und dann begann der Elendsmarsch nach Stettin."

Der im pommerschen Köslin beheimatete Frank Schwenkler erlebte das Leid einer zu spät angetretenen Flucht. Der Treck, mit dem er floh, wurde von der Roten Armee überrollt.

„Ich war bis 1942 Soldat, wurde schwer verwundet und lag bis 1944 im Lazarett in Köslin. Dann wurde ich entlassen und konnte so die folgenschweren Tage zu Beginn des März erleben, als die Russen um Köslin angelangt waren und in Köslin eindrangen. Am 1. März gab es Panzeralarm. Danach war die Aufregung in der Stadt natürlich riesengroß. Niemand wollte es wahrhaben, daß die Menschen die Stadt verlassen sollten. Eine ordnungsgemäße Evakuierung war leider von den deutschen Behörden nicht vorbereitet worden. Es war vielmehr die Parole vom damaligen Gauleiter Schwede-Coburg ausgegeben worden: ‚Pommern, krallt Euch in die Heimaterde!' Aber auf Grund meiner Dienststellung in einem Betrieb fühlte ich doch die Verpflichtung, dafür mitzusorgen, daß die Frauen und Kinder nach Möglichkeit vor den Russen in Schutz gebracht werden sollten.

Das war in der Art vorgesehen, daß ein Lastwagen zum Personentransporter umgebaut wurde. Das geschah auch, und etwa 25 Frauen und Kinder bestiegen dieses Gefährt mit den notwendigsten Gepäckstücken. Dann ging's Richtung Westen, mit dem großen Ziel, über die Oder zu kommen, weil man damals glaubte, dort vor den Russen sicher zu sein. Also wir fuhren dann am 3. März mittags mit diesem Gefährt ab Richtung Kolberg. Hinter Kolberg mußten wir Station machen, weil der Fahrer da seinen Schwiegervater wohnen hatte, der dort einen Bauernhof besaß. Dadurch wurden wir festgehalten und hatten die Absicht, am nächsten Morgen weiterzufahren. Aber in den frühen Morgenstunden hörten wir das Rasseln von russischen Panzern, und da wußte ich als ehemaliger Soldat, daß wir uns eben im Kessel befanden. Wir haben da in Ruhe, soweit man davon reden kann, uns alle in ein Zimmer dieses Bauernhofs begeben. Die ersten Tage, Tag und Nacht waren wir in diesem Zimmer, blieben wir verschont. Aber die nachrückenden Russen, die Truppen also, die plünderten und Untaten aller Art begingen, erreichten uns dann doch, und dann kam die Visitation. Uhren, alles nahmen sie uns ab, und in den folgenden Wochen, wir blieben fünf Wochen dort an diesem Ort, ging es auf und ab. Russen und Polen kamen und gingen. Alles, was nicht niet- und nagelfest war, wurde geklaut. Aber, das muß ich sagen, den Menschen, also meinen Eltern, die dabei waren, den vielen Frauen und Kindern geschah Gott sei Dank nichts. Wir zimmerten uns dann ein Fahrzeug zurecht und luden das, was noch da war, auf, auch die Kinder setzten wir da rauf und zogen dann ab nach Köslin.''

Schon Wochen vor der eigenen Flucht waren viele Pommern von Augenzeugenberichten westwärts treckender Ost- und Westpreußen aufgeschreckt. Sie hörten, was an einzelnen Orten mit zurückgebliebenen Deutschen geschehen war. Nicht zufällig bereitete sich daher auch die Familie der Gutsbesitzerin Hildegard Thor aus dem pommerschen Kreis Regenwalde auf die Flucht vor. Doch ehe der Treck aufbrach, erreichte die Rote Armee Regenwalde. Hildegard Thor erlebte die Besatzung und später die Vertreibung mit ihrem einjährigen Sohn und einer vier Jahre alten Tochter.

,,Am Abend des 3. März sahen wir rundherum um unser Gut Feuer in der Ferne und haben trotzdem nicht daran gedacht, daß das schon die Front war; denn Schüsse hatten wir noch nicht gehört. Aber nachts zog bei uns das Landgestüt Labes mit seinen Hengsten durch. Die suchten sich Landwege aus, erstens einmal um die Pferde zu schonen, und zweitens, um nicht auf die großen Straßen zu kommen, wo sie wohl schon Panzer der Russen vermuteten. Da haben wir gedacht, also jetzt müssen wir uns auch rüsten. Wir haben aber trotzdem noch geschlafen und sind morgens ganz früh aufgestanden. Meine Mutter hat nach wie vor die Mädchen beauftragt, für die Hühner die Kartoffeln zu kochen. Die Männer kamen, unsere gefangen Serben haben ihre Pferde versorgt, das Vieh versorgt, und dann kam aber schon aus dem Nachbarort Hökenberg ein junges Mädchen und rief unserem Mädel zu: ,Du mußt sofort nach Hause kommen, Hökenberg geht auf den Treck, und Du sollst mit Deiner Mutter mit!'

Wir waren gerade vielleicht 20 Minuten wieder im Hause, da geht mein Vater wie immer und will seine Ställe und Scheunen abschließen, und wie er am Düngerschuppen steht, legt sich auf einmal eine Hand auf seine Schulter, und es stehen fünf Russen hinter ihm. Die hatten sofort Schweine geschlachtet, und meine Mutter hat die ganze Nacht durchbraten müssen, und wenn sie nicht schnell genug war, kriegte sie Rippenstöße oder bekam Ohrfeigen. Sie war damals 59 Jahre alt. Die Serben haben zwar uns Frauen davor bewahrt, daß wir rausgeholt wurden. Die Russen tranken aber viel.

Mein Vater ist dann bis in die Koppel mit Kolbenstößen getrieben worden. Man wollte ihn erschießen, nur aus dem Grunde, weil er eben Gutsbesitzer war. Vorher kamen sieben deutsche Soldaten zu uns. Die sind geflüchtet und haben versucht, sich in der Kiesgrube hinter dem Dorf zu verstecken. Aber sie sind alle sieben von den Russen erschossen worden. Beerdigen durften wir sie nicht.

Dann ging es los mit Traktieren der Männer nach Uhren, und die Frauen wurden vergewaltigt. Wir haben dann nur noch monatelang bis zum 26. Juni, bis zur Vertreibung, versteckt gelebt und sind dann nach Regenwalde zu Fuß durch die Wälter gegangen zu unserem jüdischen Arzt. Der war nämlich da geblieben. Der war nicht ins Konzentrationslager gekommen, weil sich die Gutsbesitzer für ihn eingesetzt hatten. Er hatte im Ersten Weltkrieg das Eiserne Kreuz bekommen für Tapferkeit vor dem Feind. Wir wußten, daß er praktizierte. Als wir dort ankamen, da saß schon die Treppe voll. Da rief er von oben: ‚Das geht der Reihe nach bei mir. Laßt nicht die Polen durch! Es geht der Reihe nach!' Damals hat er mir schon gesagt: ‚Ihr dürft nicht hier bleiben. Das ist beschlossene Sache, Ihr müßt weg! Aber ich kann hier bleiben. Ich tu' es aber nicht, ich gehe mit den Letzten aus Regenwalde'."

Der jüdische Arzt konnte übrigens in der Folgezeit bis zu seiner Aufnahme im Flüchtlings-Durchgangslager Lübeck-Pöppendorf noch rund 40.000 Deutsche vor den tödlichen Folgen des ausgebrochenen Flecktyphus bewahren. Er verstand es auch, human eingestellte russische Offiziere und Mannschaften gegen brutale Übergriffe anderer Rotarmisten einschreiten zu lassen.

Das Leid der Flucht, vor allem der häufig mißlungenen Flucht, war oft provoziert. Viele Deutsche, die es — gelegentlich — hätten besser wissen müssen, hielten einen Vormarsch der Roten Armee auf das Reichsgebiet — wie es damals hieß — lange Zeit für unvorstellbar, obschon niemand diesen Optimismus zu begründen wußte. Hinzukam: Die Flucht galt vielfach als Ausdruck der Feigheit und wurde bei Strafandrohung verboten, bis es dann plötzlich von einem Tag zum anderen hieß, Frauen und Kindern hätten die zum Kampfgebiet gewordene Heimat zu verlassen: Männer und Jungen im Alter von 15 Jahren hätten sich beim Volkssturm zu melden. Doch trotz all dieser hektischen Erschwernisse gelang es tatsächlich noch einigen hunderttausend Menschen, vor dem Einmarsch der Roten Armee ihre Wohnorte zu verlassen. Die genaue Zahl kennt niemand.

Einer der Deutschen, denen die Flucht gelang, ist Lothar Dombrowski. Er lebte mit seiner Familie in Bromberg.

„Mundpropaganda soll es gewesen sein, die die Information der Kreisleitung und des Regierungspräsidenten weitertrug: Frauen mit Kindern unter 16 Jahren sollen die Stadt verlassen. Am Abend ging ein letzter Zug aus Bromberg. Ich durfte also mit meinen 14 Jahren und einem Monat raus und beneidete den älteren Bruder, der sich mit meinem Vater dem Volkssturm stellen mußte.

Packen — aber was? Ich nahm meinen Affen, rollte die Decke vorschriftsmäßig, band das Kochgeschirr darauf, so wie ich es viele Male bei Fahrten oder im Wehrertüchtigungslager gemacht hatte. Dann die Uniform, Überfallhose, Jacke, Schirmmütze, Fahrtenmesser, männlich, auf junger Held programmiert. Wer kann das heute noch verstehen? Ich nicht! Mutter packte sinnvoller: Im Gepäck waren sogar Schmalztöpfe und anderes Eßbares. Das hat sich später bewährt. Und dann der Strickanzug, gerade zu Weihnachten bekommen. Er blieb lange mein einziges ziviles Kleidungsstück.

Gegen 19 Uhr Abmarsch zum Bahnhof. Als wir das Haus verlassen, droht hinter den Souterrainfenstern die polnische Hausmeistersfrau mit der Faust. Kein Abschiedsgefühl, nur zum Bahnhof!
Überfüllte Straßen. Woher kommen die Leute alle auf einmal? In der Elisabethstraße, mitten im Menschenstrom, in der Dunkelheit ruft meine Mutter: ‚Brigitte.' Da läuft meine Schwester. Sie hat sich von Elbing nach Bromberg durchgeschlagen. Sie braucht nur noch umzudrehen, zum Bahnhof. Dort herrscht das Chaos. Sperrenhäuschen stehen nicht mehr. Sie sind niedergetrampelt. Flüchtlinge hasten, Gepäckstücke liegen herum, Menschen rufen, Kinder schreien. Am Bahnsteig läuft tatsächlich ein Zug ein. Er steht noch nicht, da wird er gestürmt. Jeder ist sich selbst der Nächste. Volksgemeinschaft ade! Fenster splittern, Schreie, Mütter reichen Kinder durch die Fenster. Ich bin drin, Schwester und Mutter schaffen es auch irgendwie. Sitzen wir, stehen wir, liegen wir — wir rollen plötzlich. Und dann wieder das Rufen, das Schreien: ‚Mein Kind ist im Zug!' Wieviele Kinder mögen es sein? Der Zug rollt, er steht, rollt, steht, draußen sind über 20 Grad Frost. Keine Heizung, Kinder weinen immer wieder. Ich mache mir in die Hosen. Wohin auch sonst? Es ist kalt. Irgendwann kommt Küstrin. Rotes Kreuz. Gibt es etwas Warmes zu trinken?"

Den meisten Deutschen aber gelang nicht die Flucht über die Oder, über Küstrin, über Frankfurt oder Görlitz in den rettenden Westen. Die meisten Ostdeutschen wurden im kalten Winter 1944/45 von den sowjetischen Truppen überrollt. Durchziehende Flüchtlingsstrecks hatten diese Deutschen mit ihren Schilderungen von Greueltaten in Angst und Schrecken versetzt. Die Daheimgebliebenen verbarrikadierten daher ihre Häuser und Wohnungen.

Was danach geschah, schildert als Augenzeugin erlebter Geschichte — als eine Zeugin von Unzähligen — Anna Swoboda. Sie erlebte den Einmarsch der Roten Armee in der oberschlesischen Industriestadt Beuthen.

„Schon vor dem eigentlichen Einmarsch der Russen

wurde unsere Stadt von Geschützen, aber auch aus der Luft beschossen. Ich ging am 15. Januar 1945 tagsüber aus dem Haus und war wirklich die einzige weit und breit. Da wurde ich von den russischen Kaffeemühlen, den kleinen Flugzeugen, beschossen. Weiter wie zwei Häuserblocks kam ich nicht. In den kurzen ruhigen Abständen lief ich wie gehetzt zurück. Mein Vater, der im Ersten Weltkrieg Soldat war, konnte ziemlich genau anhand der Schiessereien die Entfernung der Front bis zu unserem Haus schätzen. In den Nächten schliefen wir nicht mehr vor Angst. Alle unsere Hausbewohner hockten im Keller, wo nur noch im Flüsterton gesprochen wurde, das heißt wenn überhaupt. Jeder hielt den Rosenkranz in seiner Hand. Wir beteten ununterbrochen. Unsere Wohnung war im Erdgeschoß, und daher hatte unser Vater von innen Holzverschläge an den Fenstern angebracht.

In der Nacht zum 17. Januar kamen die Russen. Vater und ich lauschten im Zimmer an der Außenwand, und tatsächlich hörten wir, wie die Russen, die sich immer kurz etwas zuriefen, an der Hauswand entlanghuschten. Vater sagte noch, es muß unter 10 Grad sein, denn der Schnee knirscht unter ihren Stiefeln. Langsam wurde es ruhiger. Schüsse wurden seltener und waren nur noch weit weg zu hören. Später marschierten die Russen laut singend auf die Straße, die Reiterei nahm dagegen die Bürgersteige für sich in Anspruch. Da wagten auch wir uns ab und zu vors Haus.

Das Essen wurde rar, Kartoffelschalen wurden auf der Ofenplatte getrocknet und in der Kaffemühle gemahlen. Aus diesem Mehl wurde Brot gebacken. Und man wagte sich damit zum Bäcker über die Straße. Mit einemmal ein Schrei: ‚Die Russen klauen unser Brot!' Da liefen fast alle gleichzeitig. Die Angst vor den Russen zählte nicht mehr. Wir wollten retten, was übriggeblieben war. Das war echter Kampf ums tägliche Brot.

Eines Tages sah ich, wie ein angetrunkener Russe mit seinem Säbel, den er wild herumwirbelte, sich den Straßenpassanten näherte, die rannten natürlich weg.

Er aber bog sich vor Lachen, steckte den Säbel ein, holte dafür den Revolver aus der Tasche und schoß. Dabei traf er in ein Fenster unseres Hauses, hinter dem ein Mann der Szene zugeschaut hatte. Der sackte getroffen zusammen. Das alles geschah ohne großes Geschrei. Es gab aber auch Lustiges zu beobachten. So sah ich, wie Russinnen in eleganten langen, seidenen Damennachthemden am hellichten Tag ganz stolz herumspazierten.

Nach ungefähr acht bis 10 Wochen kam die nächste Welle auf uns zu. Wir wußten nicht, wie uns geschah, da tauchten auf einmal Fremde bei uns auf und verlangten unsere Wohnungen, Einrichtungen, ja sogar unsere Häuser. Es waren Ostpolen, denen die Russen ihre Heimat genommen hatten. Als man nach etlichen Tagen hat miteinander reden können, da erfuhren wir, daß ihnen vor der Vertreibung aus ihrer Heimat klargemacht wurde, Deutschland habe den Krieg verloren, und alles, was sie in Schlesien antreffen würden, gehöre dann ihnen. Es gäbe eine Unmenge Flur und Feld, das auf sie warte. So gesehen wäre es keine Vertreibung zu nennen, nur die Grenzen hätten sich verschoben, aber gehen müßten sie schon, wenn sie künftig nicht zu Rußland gehören wollten. Das leuchtete diesen armen Menschen ein, denn sie kannten ja nicht den wahren Sachverhalt.

Von den russischen Besatzern erfuhren wir, daß sie sehnsüchtig auf das Betreten deutschen Bodens gewartet hätten, denn dort erst und nicht vorher, dürften sie sich an der Bevölkerung rächen für die Schmach und das Elend, das man ihnen angetan hatte. Es gab sehr viel Rache, denn nach dem Durchzug der Front kam die Zeit der Gesetzlosigkeit, wo Mord, Totschlag, Verschleppung und Vergewaltigung ungesühnt blieben. Als Deutsche waren wir rechtlos geworden."

Sie waren wohl rechtlos geworden, aber sie wurden gebraucht — jedenfalls im oberschlesischen Industriegebiet. Der neuen polnischen Verwaltung war schnell klar geworden, daß sie die Hüttenwerke, die Kohlengruben, die Erzgruben, die Kraftwerke und die übrigen Industrieanlagen mit den aus Ostpolen vertriebenen polnischen Bauern und Kleinstädtern nicht wieder in Gang setzen konnte. Dafür brauchte man die deutschen Fachleute. So wurde die Ausweisung von Deutschen — im Gegensatz zu den Maßnahmen in anderen Teilen Schlesiens — im oberschlesischen Industrierevier bald gestoppt. Nicht wenigen Oberschlesiern war das sogar recht, weil sie auf diese Weise ihre alte Heimat behalten konnten und außerdem hofften, daß sich die Verhältnisse wieder zu ihren Gunsten ändern würden. Diese Gerüchte veranlaßte viele Oberschlesier, denen die Flucht vor der Roten Armee gelungen war, nach der Kapitulation zur Rückkehr in die Heimat.

Auch Sigrid Müller war dabei. Sie schildert die Erlebnisse ihrer Familie.

„Wir gingen ungefähr 300 Kilometer nur zu Fuß. Auf dieser Wanderung kann ich mich an keinen Regentag erinnern. Wir hatten auch keine Eile mehr. Meine Eltern sagten, wenn wir vergessen könnten, daß wir auf der Flucht sind, wäre das eine schöne Wanderung in dieser herrlichen Landschaft. Wir umgingen die größeren Städte wegen der Russen, die Ostdeutschland und Mitteldeutschland besetzt hatten. Doch immer konnten wir sie nicht vermeiden. In den Dörfern fanden wir Übernachtung und Essen. Viele Dörfer waren wie ausgestorben. Einmal kamen wir auf einen großen Hof, auf dem nur noch die Bäuerin wohnte. Alle anderen waren geflüchtet. Sie konnte die vielen Kühe nicht melken und flehte uns an zu bleiben. Doch meine Eltern waren ja keine Landwirte und konnten ihr nicht helfen. Wir wollten nach Hause.

Ab Hirschberg im Riesengebirge bis Gleiwitz fuhren wir in Etappen mit dem Zug. Die zerstörten Brücken und Tunnel mußten wir zu Fuß passieren. Bei diesem Teil der Rückwanderung muß es gewesen sein, als wir nachts über eine zerstörte Brücke gingen und meine Mutter in ihrer Müdigkeit fast mit dem Kinderwagen durch ein Loch in der Brücke in den Fluß gestürzt wäre, wenn meine Schwester sie nicht gewarnt hätte. Irgendwann im Juni kamen wir endlich in Gleiwitz an. Unsere

Verwandten und Bekannten, die noch dageblieben waren, schlugen die Hände über den Kopf zusammen und konnten es nicht glauben. Sie sagten, mein Vater müsse sofort untertauchen. Zwei meiner Onkel waren verschleppt worden, weil sie nicht geflüchtet waren. Sie hatten geglaubt, weil sie nicht in der Partei waren, würde man ihnen nichts antun, aber beim Einmarsch der Russen wurde nicht danach gefragt.

Mein Vater wollte dann wieder versuchen, in den Westen zu kommen. Es ist ihm aber nicht gelungen. Meine Mutter war am Ende ihrer Kraft und konnte nicht gleich wieder mit uns sieben Kindern durch halb Deutschland wandern. Von meinem ältesten Bruder hatten wir keine Nachricht. Wir wußten auch nicht, wo er war. Wir haben versucht, in unsere alte Wohnung hineinzukommen. Doch die bewohnte mit unseren Möbeln schon ein Pole, der uns einfach die Tür vor der Nase schloß. Zum Glück hatte eine Frau aus dem Haus unsere Sessel an sich genommen, bevor die Polen kamen. Wir verkauften die Sessel später auf dem Schwarzen Markt und kauften uns davon Fahrkarten in den Westen. Aber zuerst suchten wir einige Häuser weiter nach einer leeren Wohnung, die wir dann auch fanden. Dort lebten wir, bis wir im September 1945 aus Gleiwitz ausgewiesen wurden.

Nach einigen Tagen kamen wir dann an die Zonengrenze. Da war erst einmal alles zu Ende, weil wir nicht hinüber durften. Es hatten sich schon viele Menschen angesammelt, die alle hinüber wollten. Doch nur einige durften die Grenze passieren. Am Abend wurden die Leute eine weite Strecke zurückgetrieben. Meine Mutter, wir Kinder und eine andere Frau mit zwei Kindern, legten uns einfach in den feuchten Straßengraben und sagten den Russen, als sie uns weitertreiben wollten, wir könnten nicht mehr weiter, egal, was käme. Sie hatten Mitleid und ließen uns da übernachten. In der Nacht wagten wir den Grenzübergang. Als wir am Wachhaus vorbei waren, wollten wir gerade aufatmen, als wir im Wald an einen Schlagbaum mit zwei Solda-

ten kamen, die uns das Gewehr vorhielten und „stoj"
riefen. Die Frau, die bei uns war, kam aus Ostpreußen
und konnte russisch. Sie verhandelte mit den Russen.
Meine Mutter mußte ihnen unsere letzte Flasche Cognac geben. Da ließen sie uns herüber. Wir hatten es geschafft."

Schicksale ganz anderer, aber nicht weniger dramatischer Art erlebten die Sudetendeutschen. Walli Richter erinnert sich:

„Vor mir liegt eine ganze Reihe von Dokumentationen
jener Zeit. Es wurde schon viel darüber geschrieben.
Doch ich kann keinen dieser Berichte lesen. Ich habe
das, was damals geschah, miterlebt. Darüber sprechen
aber können wir Kinder von damals schon eher, vielleicht sogar leichter als unsere Eltern, die als Erwach-
sene die ganze Bedeutung der dramatischen Ereignisse erkannten. Wir Kinder waren den Schrecknissen der
Zeit gegenüber etwas distanzierter. Aber wir haben
sehr genau registriert. Heute, vierzig Jahre danach,
sprechen wir viel davon. Es ist, als hätte die Zeit für
diese Gespräche erst reifen müssen. Bisher hatten wir
vieles verdrängt. Wir hätten das selbst alles wohl auch
nicht ohne Schaden überstanden.
Was im Sudetenland 1945 geschah, betraf nicht allein
unsere Volksgruppe, also die annähernd dreieinhalb
Millionen Sudentendeutschen. Damals teilten wir unsere Heimat schon längst mit Tausenden von Evakuier-
ten und Hunderttausenden von Flüchtlingen. Die Eva-
kuierten — Frauen mit Kindern, aber auch viele Kinder
allein — waren in den letzten Kriegsjahren aus den
vom Luftkrieg bedrohten Städten zu uns gebracht worden, und seit dem Spätherbst 1944 rollten die ersten
Trecks der Flüchtlinge aus dem Osten durch unsere
Heimat. Aber seit dem April 1945 hörten wir dann
selbst die dröhnende Melodie der Front und bereiteten
die eigene Flucht vor.
Im Mai 1945 wurde unsere Heimat dann zu einer Dreh-
scheibe, zu einem Sammelbecken für Deutsche aus allen Himmelsrichtungen. Das ganze Sudetenland war
zu einem einzigen Flüchtlingslager geworden."

Aufzeichnungen aus dem Tagebuch einer damals jungen Frau — geschrieben in Schluckenau in Nordböhmen — spiegeln das Leid der damaligen Tage.

„Schluckenau, 5. Mai 1945.

Heute früh um 7 Uhr mit unserem Vater telefoniert. Wir sollen zu ihm nach Prag kommen, da die Russen neuerdings gegen Bautzen 25 km von uns entfernt marschieren. Mittags 12 Uhr geht kein deutscher Sender mehr. In Prag ist Aufstand. Was wird mit unserem Vater geschehen? Vielleicht haben wir das letzte Mal mit ihm gesprochen."

„8. Mai.

Nun hat auch uns die Panik erfaßt. Wir entschließen uns zur Flucht, der Leiterwagen wird bepackt. Tante Gretl mit ihren drei Kindern aus Berlin, Frau Holtz, eine Flüchtlingsfrau aus Görlitz mit ihrem Sohn und ich mit Wolfgang und Sigrid. Um 2 Uhr fahren wir los. Wir kommen aber nur bis zur Turnhalle in der Nachbarschaft, da setzt ein Tieffliegerangriff der Russen ein. Wir suchen in der Turnhalle Schutz. Am Marktplatz gibt es Tote. Bombenschäden überall. Nach den Bombenangriff kehren wir zunächst nach Hause zurück. Der Versuch, in einem Auto mitgenommen zu werden, scheitert. Am Abend wird der Artilleriebeschuß immer stärker. Wir versuchen noch einmal zu fliehen."

„10. Mai.

Vergangene Nacht kein Auge zugemacht. In den Straßen Schreie und Johlen, Hilferufe aus der Nachbarschaft. Frau Heufelt kommt und klagt: ‚Meine Christl ist vergewaltigt worden.' Ich beschließe, mit meinen Kindern aus dem Leben zu gehen. Wir nahmen Abschied vom Großvater unter dem Vorwand, noch einmal die Flucht zu versuchen. Als wir aber im Harrachtal die Natur im Maischmuck vor uns sehen, haben wir nicht mehr den Mut, unseren Entschluß in die Tat umzusetzen. Das Dorf liegt ruhig und friedlich vor uns. Bei Bekannten finden wir Quartier, bis zum 13. Mai schlafen wir hier. Die Kinder bleiben auch am Tage im Harrachtal. Ich selber gehe täglich nach Schluckenau, allmählich beruhigen sich meine Nerven."

„25. Mai.

Hausdurchsuchung. 12 Partisanen mit Maschinenpistolen. ‚Ihr Mann Partei, Ihr Mann SA?' Sie suchen nach Waffen — Vorwand. Mit vollbepackten Koffern ziehen sie nach zwei Stunden ab. Solche Hausdurchsuchungen erleben wir siebenmal. Wir können nicht mehr daheim schlafen. Wir fürchten uns schrecklich. Bei Meiers in der Nachbarschaft können wir übernachten. Nachts wird unser Haus von Partisanen geplündert."

„Es erstaunt mich heute wie damals, was in diesen wenigen Tagen an Unheil geschah. Vor allem überrascht mich noch heute, daß vieles offensichtlich vorbereitet war, aber uns völlig unvorbereitet traf. Ich denke an den Brief des damals im Exil lebenden tschechischen Politikers Edvard Benesch, an die beinahe gespenstisch anzumutende Anweisung von dem, was nach dem 8. Mai 1945 vollzogen wurde:

‚Erschlagt möglichst viele Sudetendeutsche!'

Schon am 13. Mai 1945, nur fünf Tage nach der Kapitulation, wurde ein Aufruf der Kommunistischen Partei der Tschechoslowakei veröffentlicht. Darin stand zu lesen:

‚Richtet für die verhafteten Deutschen Arbeitslager ein.'

‚Stellt das zusammengestohlene Eigentum der Deutschen für Nation und Staat sicher.'

‚Bestraft, bestraft, bestraft ...'

Nach dem Kriegsende übergaben sowjetische und amerikanische Truppen die von ihnen besetzten Teile des Sudetenlandes an die tschechischen Revolutionsgarden. Nicht wenige Namen stehen aus diesen Tagen für die Sudetendeutschen als Mahnzeichen schrecklicher Ereignisse:

‚Aussig, Brünn, Kaaden, Landskron, Olmütz, Prag, Postelberg, Teplitz, Troppau, Zuckmantel, Zwittau'."

Zu Tausenden und oft in kaum zu beschreibender Art wurden Deutsche hingemordet, gefoltert, verstümmelt. Günter Hofmann berichtet vom Todesmarsch aus dem Lager Postelberg. Er erlebte das, was damals geschah, als dreizehnjähriger Junge.

„Dies geschah ja alles mit Schlägen, Tritten und tschechischen Kommandorufen, die man nicht verstand, und darauf gab's wieder Prügel. Wir wurden dann in einzelne Ställe verfrachtet und mußten zum Teil nachts draußenbleiben und teils in den Ställen. Das Öffnen der Tore bei den einzelnen ergab dann, daß einige schon verrückt geworden waren, und zwar durch den Luftmangel, der in den Räumen herrschte, denn die Ställe sind ja niedrig. Als die Tore geöffnet wurden, gingen einige auf den Wachposten zu, sie wurden sofort erschossen oder niedergeschlagen. Einige, die als SS-Leute erkannt wurden, wurden sogar in Postelberg am Kasernenhof erschossen und dann in die naheliegenden Latrinengräben geworfen. Die Arbeit mußten zum Teil auch wir mit verrichten.

Auch wurden Kommandos zusammengestellt, die in den sogenannten nahen Fasanengarten gingen und schon Massengräber ausschauffelten. Am nächsten Tag wurden dann immer diejenigen, die bei der NSDAP waren, in Gruppen von 80 zusammengestellt, wurden dort hingebracht und kamen nicht mehr zurück.

Zwei meiner Schulfreunde, der eine war knapp 14, der andere war noch keine 16, haben sich einem Arbeitskommando mit angeschlossen, wurden in der Stadt entdeckt und zurück ins Lager gebracht. Das wurde als Flucht bezeichnet, und sie wurden bestraft, zuerst mit richtigem Auspeitschen. Als dieses Auspeitschen zu Ende war, beruhigte sich dann etwas alles. Aber nach einer halben Stunde kam ein militärisches Kommando an. Die fünf Ausgepeitschten mußten sich an die Wand stellen und wurden niedergeschossen.

Eine der schlimmsten Tötungen war das Aufhängen eines Landsmannes mitten am Straflagerhof auf einem Baum. Der Getötete hing dann über acht Tage, um als Abschreckung zu gelten.

Durch eine Ärztekommission, aus Russen und Schweizern bestehend, bin ich dann aus dem Lager entlassen worden und wurde später wiederum in ein Internierungslager eingeliefert. Ich kann es bis heute noch

126

nicht begreifen und verstehen, warum man mich und meine Freunde mit 13 Jahren in diese Lager gebracht hat."

Am 2. August 1945 wurde im „Potsdamer Abkommen" die ordnungsgemäße und humane Überführung der deutschen Bevölkerung auch aus der Tschechoslowakei beschlossen. Die Wahrheit aber sah entschieden anders aus. Schon lange vorher hatte die willkürliche und keineswegs auf humane Art praktizierte Austreibung begonnen.

Das Tagebuch der schon zitierten jungen Frauen aus Schluckenau bezeugt das auf eindringliche Weise.

„30. Mai.

Neuer Schrecken. Ein Aushang am Rathaus: Alle Lehrer, Professoren, deren Frauen, Kinder und Witwen haben das Sudetenland binnen 36 Stunden zu verlassen! 30 Kilogramm Gepäck sind erlaubt. Öffentliche Verkehrsmittel dürfen nicht benützt werden. Wir aus

Die deutschen Zwangsarbeiter wurden oft den Gewalttaten des Pöbels ausgesetzt.

127

unserem schönen Haus fort, aus meinem Elternhaus? Unsere geliebte Heimat verlassen? Ich gehe gleich zu Lehrer Kittel. Überall große Bestürzung."

„12. Juni.

Heute wurden viele Jungen und Mädchen im Alter von 15 Jahren in Viehwaggons gepfercht und zur Zwangsarbeit verschleppt. Ein Glück, daß Wolfgang noch nicht 15 ist."

„13. Juni.

Immer mehr Ausweisungen finden statt. Die Wohnungen werden sofort von Partisanen besetzt."

„18. Juni 1945.

Früh halb sechs Uhr. Es donnert an die Haustür. Mutti weckt mich. Unten stehen vier Soldaten. Als ich das Fenster öffne, schreien sie mich an: ‚Hier wohnt Egarter? Sofort aufmachen!' Ich eile hinunter, um sie nicht noch mehr zu reizen. Die Tschechin, die in unserem Haus lebt, die ich als Dolmetscherin hole, kennt uns auf einmal nicht mehr. Die Soldaten kommen sofort ins Schlafzimmer. Einer knallt mit dem Gummiknüppel. In einer halben Stunde sollen wir mit 30 kg Gepäck das Haus verlassen. Die von uns eingepackten Sachen schütten sie aus und packen selbst ein. Mutti gibt ihnen zu verstehen, daß sie das Zimmer solange verlassen sollen, bis wir angezogen sind. Dafür haben sie nur ein spöttisches Lächeln. Als ich zu Pietschmann, unserem Nachbarn gehe, um einen Handwagen zu holen, begleitet mich ein Soldat mit aufgepflanztem Gewehr. Mutti ist wie geistesabwesend. Sie ist kaum imstande, einen Knopf zuzumachen.

Um sechs werden wir unter Bewachung von vier Mann zum Marktplatz geführt. Überall in der Nachbarschaft schauen die Leute zum Fenster heraus und rufen uns einen Abschiedsgruß zu. Um zehn kommt der Zug. In einem Viehwaggon erkennen wir unsere Anna. Sie war eben im Begriff, zu uns zu kommen. Nach langem Betteln erlaubt uns ein Gendarm, von Anna Abschied zu nehmen, wenn wir keine Szene machen. Dieser Abschied fällt schwer. Der Zug durchfährt die letzten Stationen unseres geliebten Sudetenlandes. In Niedereinsiedel angekommen, müssen wir bis zur Grenze laufen. Dort werden wir aufs genaueste untersucht.

In Sachsen gab es von der sowjetischen Besatzungsmacht den Befehl, deutsche Flüchtlinge nicht länger als 24 Stunden an einem Ort aufzunehmen. Wir bekamen keine Lebensmittelmarken und irrten mit unserem Handwagen von Ort zu Ort, sechs Wochen lang. Ich erinnere mich, daß wir mit unserem Handwagen immer an der Grenze entlangfuhren, immer in der Hoffnung, daß wir wieder nach Hause könnten, und wenn wir Kinder nicht mehr konnten, fing meine Mutter einfach zu singen an, damit wir wieder weiterkonnten. Sie gab uns Mut, überhaupt durchzuhalten. Und die furchtbarste Erinnerung war, als wir einmal an einer Straße entlangfuhren, an der rechts und links Bäume standen, an denen Deutsche hingen, die sich selbst aufgehangen hatten, weil sie das Leid nicht mehr ertragen konnten."

Die Austreibung der Sudetendeutschen begann im Mai 1945. Das Ende dieses Exodus kann noch nicht fixiert werden, denn noch immer leben 60.000 bis 100.000 Sudetendeutsche in der alten Heimat, leben dort unter Entsagung und können sich nicht zu ihrer Identität bekennen. Die anderen aber, die nicht mehr daheim sind, wurden in langen Güterzügen, in Elendszügen, in Marschkolonnen, die noch heute bei denen, die dabei waren, den Namen ,,Todesmarsch'' tragen, über die Grenze getrieben. Eine Vorstellung vom Ausmaß der Not der damaligen Zeit vermitteln die Schicksale, die sich in den Mauern der bayerischen Grenzstadt Furth im Wald zutrugen.

Von 1945 bis 1951, also in nur sechs Jahren, gingen durch das Grenzdurchgangslager Furth im Wald 706.704 Personen, 706.704 Menschen in Transporten, als Einzelflüchtlinge, Frauen allein, auch Kinder allein ohne Eltern. Alte, Kranke, Verzweifelte, 706.704 Schicksale.

Namenlose Schicksale eines namenlosen Leides.

Der Exodus ist nicht zu Ende
Probleme der Spätaussiedler

Hans Bergel

In den fünfunddreißig Jahren von 1950 bis 1985 kamen über eine Million Deutsche aus Ländern des europäischen Ostens und Südostens in die Bundesrepublik. Wurden diese Menschen bei uns in den ersten Jahren ,,Aussiedler'' genannt, so gilt für die hernach und erst recht für die heute Eintreffenden die Bezeichnung ,,Spätaussiedler''. Der Übergang von der einen zur anderen Bezeichnung deutet einen Einschnitt an, der über den bloßen Aussiedlungszeitpunkt hinaus eine Gewichtsverlagerung der Situation anspricht.

Am Beispiel der Sprache wird eines besonders deutlich: Die Aussiedler der ersten Jahre nach dem Krieg beherrschten die deutsche Sprache. Vierzig Jahre nachher hingegen bietet sich — wenn auch mit Ausnahmen — bei den Spätaussiedlern ein weitgehend gewandeltes Bild. Die Gründe, die dazu führten, weisen auf schmerzhafte, ja tragische Vorgänge im Dasein der Deutschen in Ost und Südost hin.

Was geschah zum Beispiel mit den Wolgadeutschen in der UdSSR, die 1941 nach Sibirien deportiert wurden? Die Frage kann auch abgewandelt und bezogen auf alle heute noch rund dreieinhalb Millionen Deutschen gestellt werden, die verstreut zwischen Semiplatinsk in Westsibirien und der Drau in Jugoslawien, zwischen dem Finnischen Meerbusen und den Südkarpaten oder der Banater Heide leben. Die meisten dieser Deutschen, rund zwei Millionen, leben in der UdSSR, die wenigsten, rund 15.000, in Jugoslawien. Es ist erstaunlich, mit welcher Widerstandskraft sich viele von ihnen, sei es im sibirischen Kasachstan, in Polen oder in Siebenbürgen, des Umstands bewußt blieben, Deutsche zu sein.

Das äußert sich nicht zuletzt darin, daß sie fast zu jedem Opfer

130

bereit sind, um sich den Weg aus ihrem Herkunftsland in die Bundesrepublik Deutschland zu erkämpfen. Fast 90 Prozent von ihnen nannten — wie eine Umfrage des Allensbacher Instituts vor wenigen Jahren ergab — als ersten Anlaß ihrer Auswanderung die Bedrohung ihrer angestammten kulturellen und völkischen Identität. Erst an dritter Stelle wurden wirtschaftliche Gründe angeführt.

Was sich vor der Ausreise bis zur Grenzüberschreitung an jahrelangen Schikanen, Verfolgungen und Erdulden abspielt, ist mit westlichen Vorstellungen nicht meßbar. Der bei Augsburg lebende Diplom-Ingenieur Herbert Stein aus Siebenbürgen sagt dazu:

„Ich habe in Rumänien mit meiner Familie über zehn Jahre auf die Ausreisegenehmigung warten müssen. Ich habe in den zehn Jahren vielleicht vierhundert Bittgesuche, Briefe, Anträge und Eingaben aller Art an Behörden, Ministerien, Parteibonzen, hohe Polizeioffiziere und ans Rumänische Rote Kreuz geschrieben, ohne jemals eine Antwort zu erhalten. Dafür erhielt ich in dieser Zeit immer von derselben Paßbehörde vierzehn amtliche Absagen, jede trug den Vermerk: ‚Nu este cazul‘, auf deutsch etwa: ‚Kein Grund zur Ausreise‘. Ich verlor ziemlich bald meine Stellung, nachdem mir auch gedroht worden war: ‚Wenn Sie auf der Ausreise bestehen, werden sie brotlos.‘ Ich fand schließlich als Tagelöhner in der Moldau Arbeit, über dreihundert Kilometer von meiner Familie entfernt. Dort wurde ich aus fingierten Gründen pausenlos zum Staatssicherheitsdienst zitiert und stunden-, manchmal tagelang wegen mir unbekannter Dinge verhört.

Man sagte mir: dies alles könnte mir erspart bleiben, würde ich meine Verbindungen zum Westen abbrechen. Diese ‚Verbindungen‘ bestanden aus meinem Briefwechsel mit meiner seit sechzehn Jahren in Köln lebenden Mutter und meinem seit 1945 in Hessen beheimateten Bruder. Aus dem Mund der Beamten hörte sich das aber an, als hätte ich Beziehungen zu Staatsfeinden, Spionen oder Agenten.

Währenddessen waren unsere Kinder vom Schulbesuch ausgeschlossen worden. Auch meine Frau, von

Beruf Lehrerin, war vom Dienst suspendiert. Wir lebten zuletzt nur noch vom Verkauf der Möbel, des Hausrats, unserer Kleider. Wir waren mit den Nerven am Ende, aber wir hatten uns geschworen, nicht aufzugeben. Wir sind zehn Jahre lang durch die Hölle gegangen. Wir haben zehn Jahre lang Tag für Tag unseren Wunsch bezahlen müssen, im Land unserer freien Wahl wohnen zu wollen. Ich denke mit Bedrückung an meine in Rumänien gebliebenen Freunde, die alle aus dem Land heraus wollen."

Wie sehr sich diese bedrückenden Verhältnisse über die Grenzen hinweg gleichen, wird an einem Fall aus der CSSR deutlich. Der seit drei Jahren in der Nähe Frankfurts lebende und arbeitende Dr. Karl Brendel, ein Deutscher aus Prag, berichtet:

„Schwere Probleme im Zusammenhang mit meiner Aussiedlung gab es für mich zweimal: in der letzten Phase vor der Ausreise aus der CSSR und in der ersten Phase nach der Ankunft in Deutschland.

Zur ersten Phase: Zunächst wurde mein Ansuchen um die endgültige Ausreise sehr ungnädig aufgenommen. Ich hatte dies vorher gewußt und meine Stelle als Arzt vorsorglich aufgegeben und mit einer Stelle als Arzthelfer in einem kleinen Dorf in der Tatra getauscht. Das war vor zwölf Jahren. Was ich in den folgenden neun Jahren durchgemacht habe, spottet jeder Beschreibung. Solange ich in Prag ein braver Staatsbürger gewesen war, der gegen nichts etwas vorzubringen hatte, war alles gut gegangen. Jetzt war ich so etwas wie ein Staatsfeind, der durch seinen Ausreisewunsch die Republik beleidigt hatte. Was aber schlimmer war: Ich hatte daran erinnert, nicht vergessen zu haben, daß ich ein Deutscher bin. Damit änderte sich nun fast alles für mich. Sogar meine an sich freundlichen Kollegen und Bekannten, sei es aus Angst vor den Behörden, sei es aus tatsächlichen Ressentiments einem gegenüber, der sich öffentlich als Deutscher zu erkennen gegeben hatte, verhielten sich reserviert. Das war insofern absurd, als die meisten von ihnen das Land ebenfalls verlassen wollten. Die Schikanen aufzuzählen, denen ich ausgesetzt war, führt zu weit. So mußte ich mich zum Beispiel jeden Abend beim Sicherheitsoffizier der Kreisstadt melden, dazu mußte ich täglich zwölf Kilometer zu Fuß zurücklegen. Als ich merkte, daß sie mich langsam zermürben würden und nicht einmal davor zurückschreckten, meine alte kranke Mutter zu behelligen, entschloß ich mich zur Flucht. Ich habe fünf Jahre lang an ihrer Vorbereitung gearbeitet, nachdem ich meinen Ausreiseantrag zurückgezogen hatte. Sie werden verstehen, daß ich darüber keine Einzelheiten sage. Ich will Freunden einen ähnlichen Weg nicht verbauen. Nur soviel: Er führte mich über einen Sommerurlaub ans Schwarze Meer, von Rumänien nach Bulgarien und von dort mit Hilfe zweier Personen aus der Bundesrepublik in die Türkei; dann nach Italien und über Österreich nach Deutschland. Als ich in Frankfurt bei einem Vetter meines Vaters eintraf, erwartete mich die Nachricht, daß meine Mutter, die mir zur Flucht geraten hatte, vier Tage vorher gestorben war. ... Und später begannen dann andere Probleme, mich zu quälen.''

In der Tschechoslowakei leben heute noch zwischen 80.000 und 100.000 Deutsche. Zahlen darüber, wie viele von ihnen auswandern möchten, gibt es nicht. Es gibt sie aber im Fall der Banater Schwaben, der Siebenbürger Sachsen und der Sathmardeutschen in Rumänien. Westliche Schätzungen sprechen davon, daß achtzig Prozent der 300.000 Deutschen in Rumänien das Land verlassen wollen. Vor einiger Zeit aber wurde eine in Rumänien von Insidern als ,,Richtwert'' bezeichnete Zahl bekannt, die der Bukarester Regierung vorliegt. Sie spricht von über neunzig Prozent aussiedlungswilligen Deutschen in Rumänien. Was in diesem Land, abgesehen von allem anderen, zur Aussiedlung führen kann, wird am Beispiel des als Journalist in München lebenden Banater Schwaben Heinrich Lauer deutlich. Er erzählt:

,,Ich arbeitete in der Redaktion der Zeitung ,Neuer Weg' in Bukarest. Es war im Juli 1974, als die Fleischpreise durch einen Regierungsbeschluß um hundert Prozent angehoben wurden — eine Maßnahme, die einfach über Nacht da war und als humane Maßnahme der für das Wohl des Menschen sorgenden Partei in der Zeitung stand. In der Redaktionskonferenz war deswegen keiner überrascht. Die betretenen Gesichter einiger Redakteure hatten einen anderen Grund: Der Chefredakteur, von einer Instruktion bei der Pressestelle des ZK der Rumänischen Kommunistischen Partei zurückgekehrt, erklärte, daß sofort zustimmende Stellungnahmen aus der Bevölkerung veröffentlicht werden müssen. Und das nach der festeingeführten Methode: Die Partei, die Regierung beschließt etwas — was auch immer —, und das Volk brüllt spontan: ,Hurra!' Ich wurde gefragt, ob ich innerhalb einer Stunde ein begeistertes ,Ja' zu den hohen Fleischpreisen im Namen einer Weberin aus der Temeschwarer Wollindustrie schreiben könnte. Ich sagte, daß ich das weder in einer Stunde noch überhaupt könnte. Das war mein letztes dienstliches Gespräch in der Redaktion. Der Entlassung folgte Schreibverbot. Das hat mir aber nach Jahren auch den Paß für die Ausreise nach Deutschland gebracht. Die Erhöhung der Fleischpreise kann eben auch einmal ein Weg in die Freiheit sein.''

Unbekannt ist zum Unterschied von Rumänien aber auch die Zahl der Rußlanddeutschen, die aus der Sowjetunion aussiedeln wollen. Was mit diesen ehemals weit über zwei Millionen Menschen in den letzten fast fünf Jahrzehnten geschah, ist in den Details nur durch eine Reihe von Einzelschicksalen bekanntgeworden.

Einen dieser Berichte überschrieb die ,,Frankfurter Allgemeine Zeitung'' vor wenigen Jahren mit der Schlagzeile: ,,Ein Simplicius Simplicissimus des 20. Jahrhunderts''. Das sagt fast alles. So ist es verständlich, daß die Empfindungen der Dankbarkeit gerade dieser Menschen, sobald ihnen die Ausreise glückte und sie bei uns eintreffen, als die stärkste Gefühlsregung unter allen Aussiedlern deutlich wird.

Danach gefragt, was sie beim Eintreffen in der Bundesrepublik gefühlt habe, sagt denn auch eine Rußlanddeutsche mit Tränen in der Stimme:

,,Wenn wir von dort kommen, ich werde Ihnen sagen: Das ist alles so schön, so teuer und so lieb. Es macht eine Freude...''

Über ihren Schicksalsweg von der Sowjetunion nach Deutschland berichtet die Rußlanddeutsche weiter:

„Die Lage dort war so: Wir haben nicht deutsch gesprochen. Wo wir konnten, haben wir nicht gesagt, daß wir Deutsche sind, denn wir haben den Haß gefühlt. In meinem Elternhaus haben wir, als ich klein war, deutsch gesprochen. Und dann dreißig Jahre kein Wort deutsch mehr."

Diese Menschen haben viele Jahrzehnte hindurch andere Erfahrungswerte erleiden und sich aneignen müssen als ein in der von ihm so oft kaum geschätzten Freiheit aufgewachsener und lebender Bundesdeutscher.

Daher kann sich der Bundesbürger auch nicht vorstellen, welches Ausmaß an Schwierigkeiten sich diesen Menschen bei der sogenannten Eingliederung in unsere Gesellschafts- und Verhaltensnormen, ja sogar in unsere Denk- und Gefühlskategorien entgegenstellt. Denn ebenso wie es in den östlichen Herkunftsländern nicht damit getan ist, daß einer den Ausreisewunsch nur amtlich vorträgt und dann bis zur Erledigung des Antrags zu warten hat, ist es im Westen auch nicht damit getan, daß sich ein Ausgesiedelter — wie ein etwas ahnungsloser Journalist einmal schrieb — „nur das gleiche Hemd und die gleiche Krawatte kaufen muß, um wie jeder Einheimische nun eingegliedert zu sein".

So einfach ist das Leben nicht, weil die Sitten in den östlichen Ländern, weil das Leben, wie die rußlanddeutsche Frau es ausdrückte, eben doch entschieden anders sind.

„Weil die Sitten, das Leben selbst dort und hier Himmel und Erde sind. Die Leute, die von dort kommen, die denken anders, die handeln anders, die verstehen alles anders. Es ist wirklich ganz schwer, sich umzustellen. Und diese Leute hier, zwischen diesen Leuten sind sehr viele nette Leute, die behilflich sein wollen, und sind auch behilflich. Aber sie verstehen uns nicht, sie können uns nicht verstehen, und uns nicht beleidigen, weil sie uns nicht verstehen."

Sie sind nicht beleidigt, daß sie hier oft nicht verstanden werden, denn der Osten hat von jeher andere Formen der Auffassung von Geduld, Ertragen, Hinnehmen und Schweigen gekannt als der nervös-rationale Westen. Davon wurden auch die Deutschen geprägt, die dort lebten. Die Unterschiede zwischen drüben und hüben liegen also nicht allein in der fundamentalen Differenz der politischen oder gesellschaftlichen Systeme, sondern sie liegen in den historisch gewachsenen Mentalitäten. Die Deutschen, die von drüben kommen, sind von ihnen mitgeprägt. Sie haben aber niemals vergessen, daß sie Deutsche sind, und von hier aus erklärt sich auch das uns oft unverständliche Maß an Dankbarkeit, das sie bei ihrem Eintreffen in Deutschland empfinden. Die Erhebungen über ihr soziales Verhalten zeigen überdies, daß sie uns in ihrem Fleiß und ihrer Bescheidenheit nicht zur Last fallen, daß sie vielmehr unserem Staat und dessen Einrichtungen nicht selten erkenntlicher gegenüberstehen als manches auf Systemveränderung bedachte Hätschelkind unserer satten Gesellschaft; und das unabhängig davon, aus welchem ost- oder südosteuropäischen Staat diese Deutschen kamen.

Die im Gesellschaftssystem gleichen Verhältnisse, aus denen sie aus Ost und Südost zu uns kommen, sind dennoch von Land zu Land unterschiedlich. Rumäniens kommunistischer Nationalismus ist anders gefärbt als der Polens, der CSSR oder der Sowjetunion. Überall hier aber liegen die Dinge so, daß der Großteil der Deutschen diese Länder verlassen will, weil sie als ethische Minderheit entweder gar nicht existieren dürfen oder in einer Weise behandelt werden, die ihnen die Identität raubt.

Diesem Druck entronnen zu sein, setzt Erwartungen in ihnen frei, die von den Realitäten in der Bundesrepublik oft bitter enttäuscht werden. Zunächst ist es das Geschenk der Freiheit, das sie hier mit großer Bewußtheit aufnehmen. Daß Freiheit aber auch etwas Schwieriges sein kann, erklärt der aus dem rumänischen Teil des Banats stammende Journalist Heinrich Lauer:

„Daß Freiheit auch etwas Schwieriges sein kann, für den darin Ungeübten nicht gleich und nicht leicht zu Bewältigendes ist, diese Erfahrung habe auch ich machen müssen, obwohl ich mich dafür vorbereitete oder zumindest der Meinung war, es zu tun. Ich konnte damals noch nicht wissen, wie verhängnisvoll wir jahrelang, manche ein Leben lang, gegängelt, bevormundet, als Individuen verschüttet worden waren. Meine Schwierigkeiten mit der Freiheit hier sind freilich winzig, durchaus nicht existenzbedrohend wie jene, die ich mit der Unfreiheit erlebt habe.''

Bedrückender stellt sich diese Frage für den aus Prag stammen-
den Dr. Karl Brendel, wenn er über die Schwierigkeiten nach seiner Übersiedlung — er sagt: ,,Transplantation'' — von Ost nach
West spricht.

,,Die Phase meiner Eingliederung in Deutschland nach
der Transplantation von Ost nach West war für mich
kein berufliches Problem. Ich bin gewohnt und bereit,
alles zu arbeiten, was mir ein ehrliches Leben ermög-
licht. Die Eingliederung war und ist jedoch für mich wegen der politischen Naivität schwer, die ich hier bei einem großen Teil der Bevölkerung, der Intellektuellen
und der Politiker sehe. Da ist einmal die ahnungslose
Einschätzung der kommunistischen Mechanismen in
ihrer westlichen Stoßrichtung.

Ich weiß nicht, ob das hier an den Schulen oder an den
Medien liegt, jedenfalls sind die meisten Westdeutschen in ihrer Vorstellung von der sogenannten Nor-
malisierung mit dem Osten weniger als naiv: Sie sind
unrealistisch, weil falsch informiert. Sie nehmen ihre
eigene Gutwilligkeit für die der anderen. Was im Osten
schon in den Kindergärten und Schulen an systemati-
scher Westhetze betrieben wird, kann sich hier keiner
ausmalen.

Dann ist da aber auch dieses Unverhältnis der Deutschen zu sich selber. Sie tun, als müßten sie die Fein-
de ihrer eigenen Geschichte sein. Das verstehe ich
nicht, das versteht niemand in der Welt. Dabei haben
sie in der Bundesrepublik ein so vorzügliches Staats-
wesen, daß sie immer nur dankbar und zu seiner Vertei-
digung bereit sein müßten. Aber all dies wissen sie an-
scheinend nicht. Das kann auf die Dauer nicht gut aus-
gehen. Das sind meine Sorgen in diesem Land.''

Zu den zwei Millionen Deutschen in der Sowjetunion, den
300.000 in Rumänien, den 80- bis 100.000 in der CSSR, den
15.000 in Jugoslawien und den 200- bis 250.000 in Ungarn — die
dank der liberalen Budapester Nationalitätenpolitik heute von
allen Deutschen in Ost und Südost am humansten behandelt
werden — gibt es nach westlichen Schätzungen im Augenblick
noch rund eine Million Deutsche im polnischen Machtbereich.

Amtliche polnische Angaben sprechen allerdings von insgesamt nur rund einer halben Million Angehöriger anderer Nationalitäten auf polnischem Boden. Auch in diesem Fall wurde bisher nicht bekannt, wie viele der in Polen heute noch lebenden Deutschen das Land verlassen und in die Bundesrepublik aussiedeln möchten. Vergleichbar mit gewissen Verhältnissen in der CSSR war der Weg auch dieser Deutschen in den Nachkriegsjahrzehnten hart. Er wird es verschiedentlich in betonter Weise immer wieder, sobald der Wunsch zur endgültigen Aussiedlung vorgetragen wird. Aber auch bei diesen Menschen stellen sich — wie bei sämtlichen deutschen Spätaussiedlern aus Ost- und Südosteuropa — in unserem Lande nicht in erster Linie etwa die wirtschaftlichen Fragen ihrer neuen Existenz als die schwierigen heraus, die ihnen zu schaffen machen.

Nicht zufällig stellt Heinrich Eschkuleit, ein Deutscher aus der Gegend um Allenstein in Ostpreußen, dazu fest:

„Es ist weiß Gott mehr als seltsam: In den 35 Jahren, die ich nach Kriegsende in Polen lebte, das heißt seit meine ostpreußische Heimat an die Polen kam, wie wir sagen, bin ich von Polen immer wieder als ‚deutscher Hitlerist' oder als ‚Du deutsches Schwein' beschimpft worden, obgleich ich mit dem Hitler, wie alle wußten, niemals 'waś vorhatte. Ich war bei Kriegsende dreißig Jahre alt und nicht einmal an der Front gewesen, weil ich krank war. Wissen Sie, da ändert man sein Gesicht nicht mehr. Das heißt ich habe daran festgehalten zu bleiben, was ich bin: Ein Deutscher, auch wenn wir jahrelang auf der Straße kein Wort in unserer Muttersprache reden konnten. Und das noch vor vier Jahren! Und nun lebe ich also, wie Sie sehen, in Deutschland. Und was passiert mir hier? Ha, die Deutschen nennen mich immer wieder ‚Du Pole' oder ‚Du Polacke'. Nein, das tut weh, muß ich sagen. In Polen als Deutscher beschimpft, in Deutschland als Pole heruntergemacht. An was soll da einer glauben? Wissen Sie, in Polen war es hart, verdammt hart, ein Deutscher zu sein. Keiner hier sagt sich: Es hätte ihm ja genau so gehen können wie uns! Und so sind wir Deutsche aus dem Osten hier in Deutschland die Wanderer zwischen zwei Welten.

138

Mehr muß ich doch über unsere Probleme vor der Aussiedlung und über die nach der Aussiedlung nicht sagen."

Aus Polen kamen in Jahr 1984 auf dem Wege der Spätaussiedlung rund 17.500 Deutsche in die Bundesrepublik. Das ist, gemessen am Jahr 1958, als 120.000 Aussiedler gezählt wurden, wenig; aber es ist, gemessen am Jahr 1975, als es nur 7.000 waren, viel. Aus der Sowjetunion trafen im vergangenen Jahr etwas über 900 Deutsche ein, das sind weit weniger als in all den Jahren vorher. Ungefähr gleich hoch ist die Zahl der Spätaussiedler aus der CSSR. Aus Siebenbürgen wieder, aus dem Banat und aus Sathmar in Rumänien kamen 1984 rund 16.500 Deutsche in die Bundesrepublik. In diesem Bereich war die Zahl in den letzten Jahren in stetem Anstieg begriffen. Insgesamt sind das rund 36.000 Deutsche, die 1984 aus Ländern des europäischen Ostens und Südostens in der Bundesrepublik eintrafen.

Zu den gemeinsamen Merkmalen dieser Menschen gehört aber auch ihre auffallend günstige Altersstruktur. Rund 40 Prozent sind jünger als 25 Jahre. 52 Prozent sind zwischen 25 und 65 Jahre alt. Nur 10 Prozent sind älter als 65 Jahre. Günstig stellt sich zudem ihre Erwerbsstruktur dar. Sind zum Beispiel nur 44 Prozent oder noch weniger der Bundesbürger Erwerbspersonen, so gehen über 52 Prozent der Spätaussiedler einer regelmäßigen Beschäftigung nach. Das ist darauf zurückzuführen — wie Erhebungen ergaben —, daß diese Bevölkerungsgruppe auch Arbeitsangebote annimmt, die von nicht wenigen Bundesbürgern als unzumutbar abgelehnt werden. Folgerichtig sehen diese Deutschen die Eingliederungsschwierigkeiten trotz ungünstiger Situationen auf dem Arbeitsmarkt nicht so sehr im beruflichen als vielmehr im menschlichen Bereich.

Über dreieinhalb Millionen Deutsche leben noch jenseits der Grenzen der Bundesrepublik in Ost- und Südosteuropa. Nach Äußerungen der in den letzten Jahren zu uns gekommenen sind es noch sehr viele, die sich die Aussiedlung wünschen. Es scheint in der Tat so zu sein, daß die Zahl derer, die zu erheblichen persönlichen Opfern bereit sind, um sich diesen Weg zu öffnen, im Wachsen begriffen ist. Ohne Zweifel, der Exodus ist noch lange nicht zu Ende.

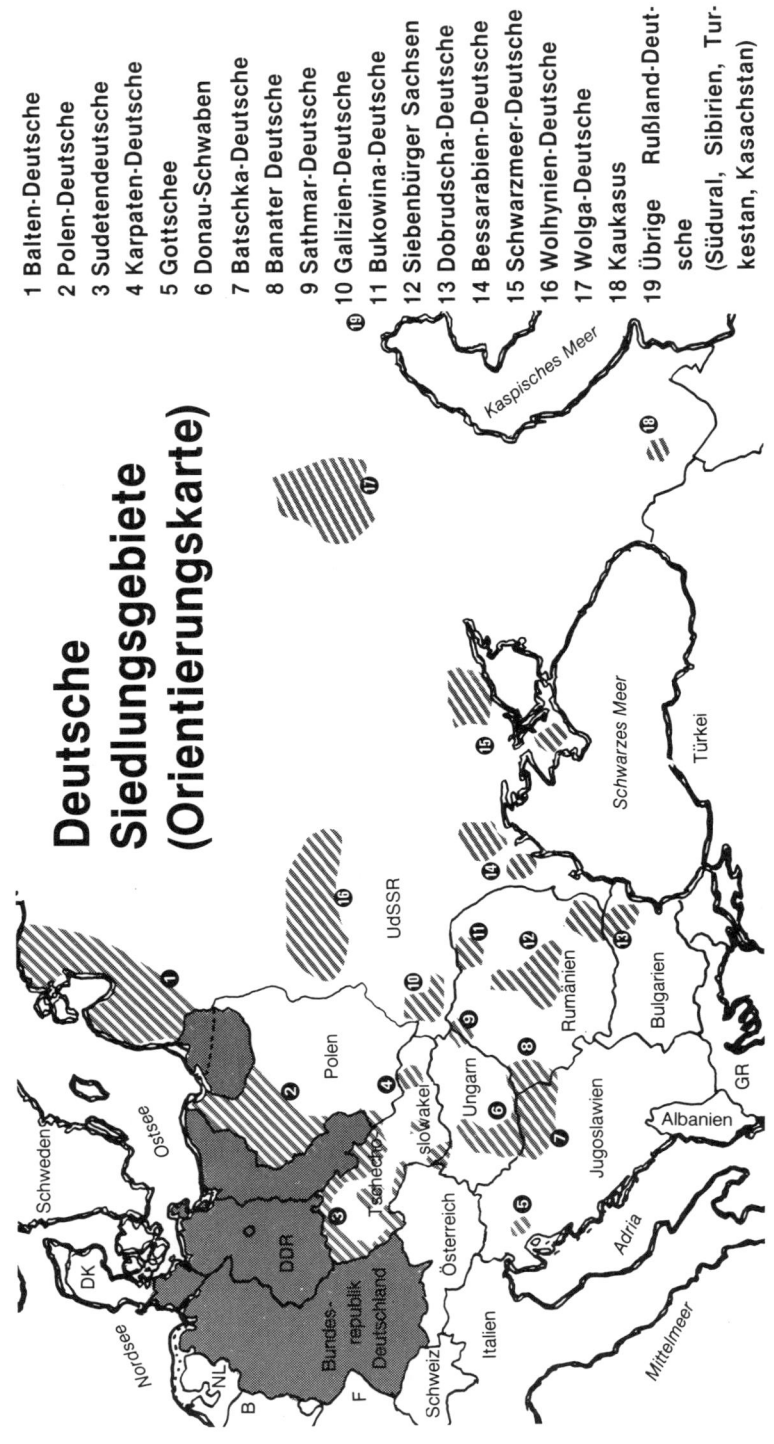

Deutsche Siedlungsgebiete (Orientierungskarte)

1 Balten-Deutsche
2 Polen-Deutsche
3 Sudetendeutsche
4 Karpaten-Deutsche
5 Gottschee
6 Donau-Schwaben
7 Batschka-Deutsche
8 Banater Deutsche
9 Sathmar-Deutsche
10 Galizien-Deutsche
11 Bukowina-Deutsche
12 Siebenbürger Sachsen
13 Dobrudscha-Deutsche
14 Bessarabien-Deutsche
15 Schwarzmeer-Deutsche
16 Wolhynien-Deutsche
17 Wolga-Deutsche
18 Kaukasus
19 Übrige Rußland-Deutsche (Südural, Sibirien, Turkestan, Kasachstan)

Zeittafel

Vom späten 12. bis zum 13. Jahrhundert

deutsche Siedlungen im Baltikum und in Siebenbürgen, in Pommern, Ostpreußen, Schlesien und dem Sudetenland, Städtegründungen.

Seit dem 17. und 18. Jahrhundert

‚Schwabenzüge', Besiedlung des ‚Pannonischen Beckens', Gründung von Siedlungen in der Batschka, im Banat, in den verschiedenen Siedlungsgebieten der Donauschwaben.

Seit dem 18. Jahrhundert

Siedlungen von Deutschen auf dem Boden Rußlands (Einladung u.a. durch Katharina die Große), Gründung von Dörfern am Mittellauf der Wolga, später auch im Kaukasus und im Schwarzmeer-Bereich.

Nach 1772

deutsche Siedlungen in Galizien.

Nach 1775

deutsche Siedlungen in der Bukowina.

Im späten 18. und im 19. Jahrhundert

deutsche Siedlungen in Wolhynien, in Bessarabien und in der Dobrudscha.

1918

Verdrängung deutscher Bevölkerungsteile aus verschiedenen Gebieten Westpreußens, Oberschlesiens und der Provinz Posen, Aufteilung der deutschen Siedlungsgebiete in Mittelost- und Südosteuropa unter den Nachfolgestaaten der k.u.k. Monarchie.

1922

Verstaatlichung der deutschen Schulen in Jugoslawien (deutsche Schulnot).

23. August 1939

Nichtangriffspakt zwischen dem Deutschen Reich und der Sowjetunion.

1. September 1939

Ausbruch des Zweiten Weltkrieges, Angriff deutscher Truppen auf Polen.

28. September 1939

Zusatzprotokoll zum Nichtangriffspakt, Aufteilung Ost-, Mittelost- und Südosteuropas in eine deutsche und eine sowjetische Interessensphäre.

29. September 1939

Hitler kündigt in einer Rede die Umsiedlung der Baltendeutschen an.

6. Oktober 1939

Hitler kündigt in einer Rede die Umsiedlung der Deutschen aus der Dobrudscha und aus Bessarabien an.

Ende 1939 und später

Umsiedlung der Wolhyniendeutschen u.a. ins Wartheland.

15. Dezember 1939

letzter Aussiedlungstermin für die Baltendeutschen, Ansiedlung u.a. im Wartheland.

Sommer 1940

Sowjetrußland fordert von Rumänien die Abtretung von Gebieten des Buchenlandes.

Sommer 1940

Eingliederung Estlands, Lettlands und Litauens in die Sowjetunion.

Herbst 1940

Vereinbarungen zwischen dem Deutschen Reich, der Sowjetunion und Rumänien über die Umsiedlung der Deutschen aus dem Buchenland, Ansiedlung u.a. im Wartheland.

22. Juni 1941

Beginn des Krieges gegen die Sowjetunion.

Sommer 1941

Deportation der Rußlanddeutschen in die asiatischen Teile der Sowjetunion.
Auflösung der Wolga-Republik.

31. August 1941

Vereinbarung zwischen dem Deutschen Reich und Italien über die Umsiedlung der Deutschen aus der Krain und der Gottschee, Ansiedlung u.a. in der Untersteiermark und in Kärnten.

1. Januar 1942

Vertrag von Washington, Verpflichtung, keinen Waffenstillstand mit Deutschland zu schließen.

Januar 1943

Konferenz von Casablanca, Forderung nach bedingungsloser Kapitulation Deutschlands.

31. Januar 1943

Kapitulation von Stalingrad.

20. Juli 1944

Attentat auf Hitler.

12. September 1944

rumänisch-sowjetischer Waffenstillstand, Beginn der Drangsalierungen der Deutschen in Rumänien (u.a. Deportationen in die Sowjetunion).

Herbst 1944

Beginn der Drangsalierungen des deutschen Bevölkerungsanteils in Jugoslawien.

21. November 1944

der Antifaschistische Rat in Belgrad beschließt, den Donauschwaben das jugoslawische Bürgerrecht abzuerkennen und sämtliches Eigentum dieser Volksgruppe als Feindvermögen einzuziehen.

Januar 1945

Deportationen von Siebenbürgern in die Sowjetunion.

4. bis 11. Februar 1945

Konferenz von Jalta, Gespräche über die Aussiedlung von Deutschen u.a. aus den Ostprovinzen.

Januar bis Anfang Mai 1945

Fluchtbewegungen aus Pommern, Ostpreußen, Schlesien und dem Sudetenland.

8. Mai 1945

Ende des Zweiten Weltkrieges.

Nach dem 8. Mai 1945

Beginn der Austreibung der Deutschen aus den Ostprovinzen.

7. Juli bis 2. August 1945

Konferenz von Potsdam, Fixierung der Ausweisung der Deutschen aus den Ostprovinzen, Festlegung der Formel von der ‚humanen Umsiedlung', während und auch vor diesem Zeitpunkt absolut unhumane Austreibung der Deutschen aus den Ostprovinzen.

1959

5.000 Kinder von Deutschen aus Jugoslawien werden den Eltern von der Regierung in Belgrad übergeben, insgesamt rund 40.000 Kinder mußten bei der Flucht, der Vertreibung und Einkerkerung zurückgelassen werden, gut die Hälfte verstarb und 15.000 Kinder verloren ihre deutsche Identität.

Seit 1970

nach verschiedenen Abkommen mit den Staaten Ost- und Südosteuropas Beginn der Aussiedlung von deutschen Bevölkerungsteilen, mit erheblichen Problemen bei der Aussiedlung, aber auch bei der Eingliederung in der Bundesrepublik verbunden.

Stichwort-Verzeichnis

Allenstein, Stadt in Mittelostpreußen, 1348 gegründet, 1920 Volksabstimmung, Entscheid für Verbleiben bei Deutschland.

Aussig, Stadt im Nordsudetenland, an der Elbe gelegen, Massaker an Deutschen nach 1945.

Baltikum, Begriff für die Ostseeanrainerstaaten Estland, Lettland und Litauen; bedeutende deutsche Siedlungen vom späten Mittelalter bis 1939, durch Hitler-Stalin-Pakt (Umsiedlung) aufgelöst.

Baku, Hauptstadt der Sowjetrepublik Aserbaidschan, wichtiger Öl-Hafen am Kaspischen Meer.

Banat, deutsches Siedlungsgebiet im Ländereck Rumänien-Jugoslawien-Ungarn, deutsche Siedlungen gegenwärtig nur noch in Rumänien.

Batschka, deutsches Siedlungsgebiet zwischen Donau und Theiß auf jugoslawischem Boden.

Bessarabien, deutsches Siedlungsgebiet zwischen Pruth und Dnjestr, nach Abtrennung von Rumänien Moldauische SSR.

Beuthen, deutsche Stadt in Oberschlesien, im 13. Jh. gegründet, Abstimmungskämpfe nach dem Ersten Weltkrieg.

Braunsberg, Stadt in Ostpreußen, im 13. Jh. gegründet, Hauptstadt des Ermlandes.

Breslau, Hauptstadt Schlesiens, bis 1945 historischer Mittelpunkt schlesischer Kultur.

Brest-Litowsk, Stadt im historischen Grenzgebiet zwischen Polen und Sowjetrußland, 1918 Frieden von Brest-Litowsk, seit 1939 sowjetrussisch.

Bromberg, Stadt zwischen dem Netze-Bruch und Thorn, bis 1945 weitgehend von Deutschen bewohnt, 1939 Massaker an Deutschen (Blutsonntag).

Brünn, Stadt in Mähren, Iglauer Stadtrecht, bis 1945 überwiegend deutsch-sprachige Einwohner, nach 1945 Massaker an Deutschen (Todesmarsch).

Buchenland, altösterreichisches Kronland zwischen dem Hang der Ostkarpaten und dem Mittellauf des Dnjestr, zahlreiche deutsche Siedlungen, im Zweiten Weltkrieg zwischen der Sowjetunion und Rumänien geteilt, dabei Aussiedlung der Deutschen.

Bug, Nebenfluß der Weichsel, bildet zum Teil Grenzlinie zwischen der Sowjetunion und Polen.

Bukowina, alte Bezeichnung für das Buchenland.

Czernowitz, Hauptstadt des altösterreichischen Kronlandes Buchenland, berühmte Universität, Kulturleben weitgehend von Österreichern und Deutschen geprägt, seit der Teilung des Buchenlandes im Zweiten Weltkrieg sowjetrussisch.

Danzig, im 10. Jh. gegründet, Geschichte von Deutschen geprägt, berühmte Bauten (Marienkirche, Artushof, rechtsstädtisches Rathaus u.a.), nach 1918 Freie Stadt unter Schutzherrschaft des Völkerbundes, 1939 — formell Anlaß zum Zweiten Weltkrieg, (Arthur Schopenhauer, Daniel Chodowiecki).

Dnjepropetrowsk, Industriestadt in der Ukraine, hieß bis 1917 Jekaterinoslaw.

Dobrudscha, deutsches Siedlungsgebiet zwischen der Donau-Mündung und dem Nordteil der bulgarischen Schwarzmeer-Küste.

Dorpat, bis 1939 weitgehend von Baltendeutschen bewohnte Stadt in Estland, berühmte Universität.

Elbing, westpreußische Stadt zwischen dem Frischen Haff und dem Drausen-See, (in der Mundart Albing genannt, ,,Es jibt Leute, die schreiben Albing mit ‚E'''), Geburtsstadt von Paul Fechter.

Ermland, katholische Insel im protestantischen Ostpreußen, Fürstbistum, Domherr u.a. auch Nikolaus Kopernikus.

Frankfurt, seit 1945 geteilte Stadt an der Oder, Geburtsort von Heinrich von Kleist.

Frisches Haff, durch die Frische Nehrung nahezu von der Ostsee abgeschlossene Wasserbucht zwischen dem Danziger Werder und Königsberg, Seekanal durch das Haff von Pillau nach Königsberg.

Galizien, Grenzlandschaft in Südostpolen, bis 1945 deutsche Siedlungen, seit dem Zweiten Weltkrieg zwischen Polen und der Sowjetunion geteilt.

Gleiwitz, deutsche Stadt in Oberschlesien, nach 1918 Abstimmungskämpfe.

Gnesen, Stadt in der früheren preußischen Provinz Posen, Bischofssitz, historische Bauten, bis 1945 von Deutschen bewohnt.

Görlitz, geteilte deutsche Stadt an der Lausitzer Neiße, Geburtsstadt von Jakob Böhme, historische Bauten, Görlitzer Abkommen zwischen der DDR und der Volksrepublik Polen.

Gotenhafen, deutscher Name für die polnische Hafenstadt Gdingen in der Danziger Bucht, 1945 Verladehafen für die deutschen Flüchtlingsschiffe.

Grenzhausen, deutscher Name für die Kleinstadt Slupca, an der alten Grenze zwischen der preußischen Provinz Posen und Russisch-Polen.

Groß Schwansfeld, Kleinstadt in Mittel-Ostpreußen.

Gumbinnen, Stadt im östlichen Ostpreußen zwischen Insterburg und Eydtkuhnen, um und nach 1732 Ansiedlungsort zahlreicher Salzburger Exulanten.

Hela, in die Danziger Bucht ragende Halbinsel mit gleichnamigem Ort an der Südspitze, 1945 Zuflucht vieler Deutscher, die über See Rettung suchten.

Irtysch, Fluß in Sibirien, mündet in den Ob.

Jenissei, Fluß in Mittelsibirien.

Johannisburg, Kleinstadt in Ostpreußen, südlich vom Spirding-See.

Kahlberg, Ortschaft auf der Frischen Nehrung, 1945 Ziel von Flüchtlingen, die über das Eis des Haffes den Weg nach Danzig suchten.

Karlsbad, Badeort in Nordböhmen, viele historische und kulturhistorische Erinnerungen.

Karpaten, langgestreckter Gebirgszug, der von der Tatra über Galizien bis nach Siebenbürgen reicht.

Kasachstan, Sowjetrepublik in Mittelsibirien, Hauptstadt Alma Ata.

Kaukasus, historische Grenzlandschaft zwischen Rußland, Persien und der Türkei, bis 1941 deutsche Siedlungen in Georgien und Armenien.

KdF, Abkürzung für die nach 1933 gegründete Urlaubs- und Erholungsorganisation ‚Kraft durch Freude', KdF-Dampfer dienten 1945 unzähligen Ostdeutschen als Fluchtschiffe (‚Wilhelm Gustloff').

Kiew, Hauptstadt der Ukraine, historischer Mittelpunkt des Kiewer Reichs.

Köslin, Stadt in Ostpommern, südlich vom Jamunder See, gegründet im 12. Jh.

Kolberg, Hafenstadt in Ostpommern, berühmter Dom, Erinnerungen an Joachim Nettelbeck.

Kronstadt, Stadt im siebenbürgischen Karpaten-Bogen, bis 1945 Kultur- und Wirtschaftsleben entscheidend von Deutschen bestimmt, altdeutscher Stadtkern (Schwarze Kirche).

Kurland, historische Landschaft im Baltikum, westlich von Riga, bedeutende deutsche Siedlungen.

Küstrin, brandenburgische Stadt an der Mündung der Warthe in die Oder, Schauplatz der Katte-Tragödie, 1945 fast vollständig zerstört.

Libau, Hafenstadt in Lettland, bis 1939 bedeutender deutscher Bevölkerungsanteil.

Lodz, Stadt in Mittelpolen, wichtige Industriestadt (Textilien), bis 1945 hoher deutscher Bevölkerungsanteil.

Lublin, Stadt im östlichen Teil Polens, 1569 Lubliner Union, 1944 Lubliner Komitee.

Mediasch, Stadt in Siebenbürgen, historische Bauten, Kultur- und Wirtschaftsleben bis zum Kriegsende entscheidend von Deutschen bestimmt.

Moldau, Landesteil Rumäniens zwischen den Ostkarpaten und dem Pruth.

Narew, Fluß in Nordost-Polen.

Nehrung, siehe Frisches Haff.

Neidenburg, Stadt im südlichen Teil Ostpreußens, Schlachtort im Ersten Weltkrieg (Schlacht bei Tannenberg).

Neiße, schlesische Stadt an der Glatzer Neiße, Erinnerungen an Joseph von Eichendorff.

NKWD, sowjetrussische Geheimpolizei, verschiedentlich umbenannt.

Nemmersdorf, Ortschaft in Ostpreußen, südlich von Gumbinnen, 1945 Massaker an Deutschen.

Oderberg, Grenzstadt zwischen Mähren und Oberschlesien an der Oder.

Odessa, russische Hafenstadt am Schwarzen Meer, bis 1941 deutscher Bevölkerungsanteil.

Olmütz, Stadt in Mähren, bis 1945 entscheidender deutscher Bevölkerungsteil.

Pabianice, Industriestadt südlich von Lodz, bis 1945 deutscher Bevölkerungsanteil.

Pannonisches Becken, historisches Siedlungsgebiet von Deutschen zwischen dem Plattensee und der Drau.

Passarge, Fluß in Mittelostpreußen, entspringt in Masuren, mündet ins Frische Haff.

Peipus-See, Binnensee an der Grenze zwischen Estland und Rußland, Schlachtort im Mittelalter.

Pillau, ostpreußische Stadt an der Mündung des ,,Königsberger See-Kanals'' in die Ostsee, Erinnerungen an den Großen Kurfürsten, 1945 Ausgangsort zahlreicher Rettungsversuche von Flüchtlingen.

Posen, bis 1918 Hauptstadt der Provinz Posen, bis 1945 hoher deutscher Bevölkerungsanteil.

Potsdamer Abkommen, bei der Potsdamer Konferenz, der Zusammenkunft der alliierten Staatsmänner, Truman (USA), Attlee (Großbritannien) und Stalin (UdSSR) im Sommer 1945, getroffene Vereinbarung über die Behandlung Deutschlands durch die Siegermächte, u.a. Aufteilung Deutschlands in Besatzungszonen, Unterstellung der deutschen Ostgebiete unter polnische und sowjetische Verwaltung bis zum Abschluß eines Friedensvertrages in Verbindung mit der Ausweisung der deutschen Bevölkerung aus ihrer angestammten ostdeutschen Heimat mit ausdrücklichem Hinweis auf humane Maßnahmen.

Przemyśl, Stadt in Galizien, erster Ort, an dem die deutschen Vertragsumsiedler aus Wolhynien von den deutschen Behörden in Empfang genommen wurden.

Rastenburg, Stadt in Mittelostpreußen, Geburtsort von Arno Holz.

Regenwalde, Stadt in Hinterpommern an der Rega.

Reval, Hauptstadt Estlands, altdeutscher Stadtkern, bis 1939 hoher deutscher Bevölkerungsanteil.

Riga, Hauptstadt Lettlands, historische Bauten, Erinnerungen an Johann Gottfried Herder, bis 1939 hoher deutscher Bevölkerungsanteil.

Rössel, Stadt im ostpreußischen Ermland, in der Nähe liegt die Wallfahrtskirche Heiligenlinde, dort Erinnerungen an E. T. A. Hoffmann.

Sagan, schlesische Stadt am Bober, Erinnerungen an Wallenstein.

San, Nebenfluß der Weichsel.

Sathmar, deutsches Siedlungsgebiet in Rumänien nördlich von Siebenbürgen.

Schroda, Stadt in der preußischen Provinz Posen, bis 1945 hoher deutscher Bevölkerungsanteil.

Siebenbürgen, Siedlungsgebiet im Karpaten-Bogen, entscheidend von Deutschen geprägt.

Slawonien, Landschaft zwischen Drau und Save, deutsche Siedlungen.

Sosnowitz, Stadt in Oberschlesien, nach 1918 zu Polen geschlagen, Abstimmungskämpfe.

Spätaussiedler, Begriff für Deutsche, die in den letzten Jahren nach Abkommen zwischen der Bundesrepublik und den Staaten Ost- und Südosteuropas ihren Wohnsitz aus dem Machtbereich Sowjetrußlands, Polens, Rumäniens, Ungarns, Jugoslawiens und der Tschechoslowakei in den Westen Deutschlands verlegen konnten. Der Begriff ist in seiner Terminologie umstritten, vielfach werden die Spätaussiedler auch als Aussiedler, gelegentlich sogar als Spätvertriebene bezeichnet. In der Behördensprache hat sich jedoch der Begriff ,Spätaussiedler' eingebürgert.

Spirding-See, Binnensee in Ostpreußen, über 100 qkm groß.

Stargard, Stadt in Mittelpommern, wegen seiner Schönheit häufig als ,Pommersches Rothenburg' apostrophiert.

Stettin, alte Hauptstadt Pommerns an der Oder, zahlreiche historische und kulturhistorische Erinnerungen, u.a. an Carl Ludwig Schleich und Carl Löwe, besaß 1945 zunächst einen deutschen Bürgermeister.

Suceava, Stadt im Buchenland.

Swerdlowsk, russische Industriestadt östlich des Ural, bedeutendes Gefangenenlager.

Tatra, (Hohe Tatra) Gebirgszug an der Grenze zwischen Polen und der Slowakei, südlich der Tatra liegt die alte deutsche Sprachinsel Zips.

Teplitz, Stadt im Sudetenland, historische Erinnerungen (Goethe, Heilige Allianz u.a.).

Tilsit, ostpreußische Stadt an der Memel, Erinnerungen an die Königin Luise und an den Frieden von 1807, gehört heute politisch zur Sowjetunion.

Treck, Begriff für den Zug von Siedlern in neue Siedlungsgebiete, erstmals im Zusammenhang mit den Zügen der Buren (trekken!) erwähnt, im 20. Jh. auch gebraucht für den Zug der Flüchtlinge und Vertriebenen — also die Rückwanderung (Flucht) — aus der ostdeutschen Heimat und den deutschen Siedlungsgebieten in Südost- und Osteuropa.

Troppau, bis 1918 Hauptstadt von Österreichisch-Schlesien, Erinnerungen u.a. an die Fürsten Liechtenstein und den Deutschen Orden.

Volkssturm, letztes halbmilitärisches Aufgebot im Zweiten Weltkrieg, rekrutiert aus Männern, die nicht an der Front standen, nicht selten gehörten Kranke und Gebrechliche dem Volkssturm an.

Warthegau, Bezeichnung für das Wartheland, deckt sich zum Teil mit dem Gebiet der früheren preußischen Provinz Posen, wichtiger deutscher Bevölkerungsanteil, nach 1939 Ansiedlungsgebiet für umgesiedelte Deutsche aus dem Baltikum, aus dem Buchenland und aus Wolhynien.

Windau, Hafenstadt in Lettland (Kurland), Gründung des Deutschen Ordens (14. Jh.).

Wolhynien, Teil der Ukraine, häufig heftig umstritten (Ansprüche des Kiewer Reiches, Litauens, Polens, Sowjetrußlands), deutsches Siedlungsgebiet, nach Hitler-Stalin-Pakt aufgelassen.

Wreschen, Stadt in der früheren preußischen Provinz Posen, hoher deutscher Bevölkerungsanteil.

Die Autoren

HANS BERGEL
Geboren 1925 in Kronstadt/Siebenbürgen; in Rumänien bis zu
seiner Ausreise aus politischen Gründen mehrfach eingekerkert;
lebt seit 1968 als Schriftsteller und Journalist in München. Veröffentlichungen in Rumänien, Österreich und Deutschland, darunter Romane, Erzählungen, Monographien, Essays und Kunst-
Bände, insgesamt zwanzig Titel, u.a.: ‚Rumänien, Porträt einer
Nation', ‚Der Tanz in Ketten', ‚Reden zur Lage der Deutschen
in Siebenbürgen', ‚Hermann Oberth oder der mythische Traum
vom Fliegen'. Auszeichnungen: Mehrere Literaturpreise.

JOCHEN DÜRING
Geboren 1928 in Lübeck; seit 1950 journalistisch tätig, zunächst
bei der Tagespresse, ab 1971 beim Norddeutschen Rundfunk,
jetzt Redakteur im NDR-Studio Lübeck (Welle Nord). Zahlreiche regional-historische Veröffentlichungen.

MIKOLAJ DUTSCH
Geboren 1934 in Karlsruhe; seit 1962 freischaffender Journalist,
Mitarbeiter von Rundfunkanstalten des In- und Auslands, Mitarbeiter zahlreicher Verlage. Bevorzugte Arbeitsgebiete: Geschichte, Kultur und Politik Ost- und Südosteuropas; Reisebe-
richte über Albanien, die VR China, Indien, Jugoslawien, Polen
und die Sowjetunion. Veröffentlichungen u.a.: Verfasser zahlreicher literarhistorischer und literarkritischer Beiträge über die
polnische und slowenische Literatur; Übersetzer literarischer
Werke aus dem Polnischen, Russischen, Slowenischen und
Tschechischen.

HANS-ULRICH ENGEL

Geboren 1929 in Drossen/Neumark; Leiter des Oderland-Museums in Bad Freienwalde, freier Journalist und Mitarbeiter verschiedener Rundfunkstationen, seit 1978 Leiter des Ressorts für Ostfragen in der Abteilung Politik beim Bayerischen Rundfunk in München; Kurator beim OKR. Über zwanzig Veröffentlichungen als Autor und Herausgeber, u.a.: ,Die Straße nach Europa', ,Burgen und Schlösser in Böhmen', ,Schlösser und Herrensitze in Berlin und der Mark Brandenburg', ,Ostpreußen, wie es war', ,Wanderungen durch die Mark Brandenburg' (Fontane), ,Deutsche Unterwegs', ,Brauchtum der Heimat — Von Deutschen aus dem Osten bewahrt und weitergegeben', ,Nichts Neues an der finnisch-chinesischen Grenze — Der politische Witz aus Osteuropa'. Auszeichnungen: 1979 und 1981 Medienpreis der Heimatvertriebenen in München; 1984 Medienpreis der Ost- und Westpreußenstiftung in München; 1985 Medienpreis des Bundes der Vertriebenen in Bayern.

ANNELIES GINTER

Geboren 1924 in Reichenberg/Sudetenland (die Mutter ist gebürtige Kaukasus-Deutsche); Heirat nach Flucht und Vertreibung, zwei Kinder; berufliche Wiedereingliederung als Autorin zahlreicher Kinderfunksendungen nach ausgedehnten Reisen durch Süd- und Ostasien, Nord- und Mittelamerika; seit mehr als zwanzig Jahren Mitarbeiterin beim Süddeutschen Rundfunk in Stuttgart und bei anderen Sendeanstalten.

GUSTL HUBER

Geboren 1941 in Ludwigsmoos, Kreis Neuburg an der Donau; Landesgeschäftsführer des Bundes der Vertriebenen in Bayern. Medienrat, langjähriger Pressereferent der donauschwäbischen Landsmannschaft, Redakteur der ,INFORMATIONEN, Dokumente, Argumente', Mitarbeiter bei Zeitungen und Zeitschriften und beim Bayerischen Rundfunk.

FRANZ KUSCH

Geboren 1929 in Beuthen/Oberschlesien. Kommentator beim Westdeutschen Rundfunk in Köln; seit 1975 verantwortlich für die Sendereihe ,Alte und neue Heimat' beim WDR. Veröffentli-

chungen u.a.: ‚Das Machtkartell', ‚Eisen ist nicht nur hart —
Begegnungen und Wiederbegegnungen mit dem deutschen
Osten'.

HANS LÜTZKENDORF
Geboren 1925 in Merseburg; nach Teilnahme am Krieg und an-
schließender Gefangenschaft journalistische Tätigkeit, zunächst
freiberuflich, seit 1957 als Redakteur beim Norddeutschen
Rundfunk in Hamburg im Ressort Ostpolitik. Verfasser zahlreicher Kommentare und Dokumentationen zur gesamtdeutschen
und ostpolitischen Thematik.

DIETER NUBERT
Geboren 1951 in Ulm als Sohn von Eltern aus dem Buchenland;
seit 1981 beim Bayerischen Rundfunk in München als Sprecher,
Moderator und Reporter tätig; Mitglied des Bundesvorstandes
der Landsmannschaft der Buchenlanddeutschen.

WALLI RICHTER
Geboren 1935 in Oberleutensdorf im sudetenländischen Kreis
Brüx; langjährig Geschäftsführerin des Bundes der Vertriebenen
in Bayern; Mitarbeiterin verschiedener Zeitungen und Rundfunkanstalten; seit einiger Zeit Hauptsachbearbeiterin für Kultur und Volkstumspflege beim Bundesverband der Sudetendeutschen Landsmannschaft in München. Auszeichnungen: u.a.
Bundesverdienstkreuz.